Königsrecht, Kirchenrecht und Stadtrecht beim Aufbau des Inquisitionsprozesses

Von

Richard Schmidt

Aus der Festgabe der Leipziger Juristenfakultät für Rudolph Sohm

München ▪ Verlag von Duncker & Humblot ▪ Leipzig
1915

Königsrecht, Kirchenrecht und Stadtrecht beim Aufbau des Inquisitionsprozesses.

Von

Richard Schmidt.

Inhalt.

	Seite
I. Stand der Frage	3
II. Die Inquisition der päpstlichen Dekretalen und der sizilischen Konstitutionen	10
III. Anglonormannischer und sizilisch-normannischer Staat	13
IV. Die Rüge-Inquisition in England und in Sizilien	25
V. Die inquisitio Innocenz' III.	42
VI. Der formfreie Inquisitionsprozeß der oberitalienischen Städte	49
VII. Stadtrecht, Kirchenrecht und Königsrecht in ihren Berührungen	62

I. Stand der Frage.

Seit Brunner das Dickicht des germanischen Urwalds gelichtet hatte, worin früher die Vergangenheit der Schwurgerichte verborgen gelegen, war der Werdegang und die ursprüngliche Idee des englischen Rechtsgebildes, das der öffentlich-mündlichen Hauptverhandlung in schweren Verbrechensfällen bei allen modernen Nationen zum Ausgang gedient hat, in allen wesentlichen Punkten klargelegt. Gerade in dem Jahre 1871, als man sich anschickte, dem deutschen Reichsstrafprozeß seine abschließende Form zu geben, wurde die eine Reihe seiner Vorverfahren ziemlich lückenlos feststellbar[1]. Aber nur die eine. Die Physiognomie des heutigen Strafprozesses weist bekanntlich noch auf eine zweite Ahnenreihe zurück. Das Vorverfahren mit seiner typischen Form, seiner Kette von einseitigen amtlichen Untersuchungsakten in heimlichem und schriftlichem Verfahren, verdankt seine Struktur dem italienischen Inquisitionsprozeß, und in dessen Vorgeschichte hat Brunners Werk noch kein ebenbürtiges Seitenstück gefunden. Nur die ersten Anfänge einer amtlichen Voruntersuchung des Verbrechens waren schon vor Brunner durch Richard Dove ermittelt worden. Dove[2] hatte 1859 und 1864 den Quellenknäuel entwirrt, der sich in der Zeit des Niedergangs des Karolingerreichs um teils weltliche, teils

---

[1] Heinrich Brunner, Die Entstehung der Schwurgerichte, 1871.

[2] Dove, Untersuchungen über die Sendgerichte; Zeitschr. f. deutsches Recht, Bd. 19 S. 321 ff. (1859) und Zeitschr. für Kirchenrecht, Bd. 4 S. 1 ff. (1864). Vgl. dazu weiter Brunner, Schwurgerichte S. 463; Hinschius, Kirchenrecht 5, S. 426 ff.; Hauck, Kirchengeschichte Deutschlands, II. Teil (2. A. 1899) S. 734 sowie eine kurze Zusammenstellung der Quellen und Literatur dazu, und meine (u. S. 59 erwähnte) „Herkunft des Inquisitionsprozesses" S. 77 ff. (15 ff.)

geistliche Prozeduren einer „Verbrechensrüge" durch amtlich auf=
gebotene und vereidigte Gemeindezeugen gebildet hatte. Es konnte
seitdem als sicher gelten, daß die Gesetzgebung Karls des Großen
versucht hatte, eine „inquisitio" in diesem Sinn zur allgemeinen
Reichsinstitution zu machen. Graf oder Sendbote hatte eine
Anzahl boni viri des Sprengels aufzufordern, die schweren Ver=
brechen der Gegend unter Eid anzugeben, und auf Grund dieser
mala fama, des „Gerüchtes", hatte der königliche Richter die
Bezichtigten auch ohne Anklage eines Volksgenossen
zum Reinigungseid oder Gottesurteil zu zwingen und nach dessen
Ausfall zu bestrafen[1]. Dies Verfahren, bei der Bevölkerung
unpopulär, und deshalb bei dem Weichen der königlichen Autorität
im Laufe des 9. Jahrhunderts wieder zurückgedrängt, ja mit dem
Absterben bedroht, hatte die Kirche aufgegriffen, um ihm für die
Folgezeit das Leben zu retten. Der „episcopus in synodo
residens" hatte das Aufgebot der „septem ex plebe parochiae"
und den Reinigungszwang von den Gerichten übernommen[2].
So hatte Brunner, Doves Forschungen verwendend, bereits
feststellen können, daß die beiden Gegenbilder des neueren Straf=
verfahrens, der englische Schwurgerichtsprozeß und der italienische
Inquisitionsprozeß, die von der französischen und deutschen Reform
des 19. Jahrhunderts in Hauptverfahren und Vorverfahren des
modernen Prozesses verbunden worden waren, den Ausgang von
einer und derselben Rechtsform, von der karolingischen inquisitio,

---

[1] Zur Veranschaulichung der späteren Beweisführung führe ich die Haupt=
stellen nochmals an: Capitulare Pippini, für Italien 782—86 c. 8 (mon.
Germ., leges Boretius I 192): „iudex unusquisque per civitatem faciat
iurare ad Dei iudicia homines credentes iuxta quantos praeviderit, ut
cui ex ipsis cognitum fuerit, id est homicidia, furta, adulteria et de
inlicitas coniunctiones, ut nemo eas concelet." Vgl. Richard Schmidt,
Herkunft S. 74 (S. 2).

[2] Hauptbeleg aus Reginonis abbatis Prumiensis libri duo de
synodalibus causis et disciplinis ecclesiasticis (ed. Wasserschleben 1840
p. 207): „Episcopus in synodo residens post congruam allocutionem
septem ex plebe ipsius parochiae vel eo amplius aut minus, prout viderit
expedire, maturiores, honestiores, atque veraciores viros in medio debet
evocare."

I. Stand der Frage.

dem eidlichen Gemeindezeugnis, das auch den Keim der Jury enthielt, genommen hatten. Aber damit stockte zunächst der Fortgang der Erkenntnis. Für den neueren Inquisitionsprozeß lagen nach Studien, die schon Friedrich August Biener (1827) darüber angestellt, die Anfänge in Italien, in Gesetzgebungsakten der Päpste, besonders Innocenz' III, die prima facie als originale Schöpfungen erschienen. Zwischen dem 9. und dem Ende des 12. Jahrhunderts blieb also eine Lücke in der Geschichte des Strafprozesses. Es blieb unklar, wie sich dies kanonische Recht der Spätzeit zu jenen weltlichen und geistlichen Erstlingsversuchen eines Rügeverfahrens verhielt, wie es andererseits das weltliche Recht der Folgezeit beeinflußt hatte. Denn inzwischen war längst bekannt geworden, daß auch im 13. Jahrhundert wieder die weltliche Gesetzgebung neben der geistlichen sich mit dem Ausbau des Inquisitionsprozesses befaßt hatte, und zwar jetzt nicht nur die Königsgesetzgebung in dem den Päpsten benachbarten sizilischen Reich, sondern auch die Stadtgesetzgebung der kleinen oberitalienischen Republiken. Mit dem Verhältnis der drei konkurrierenden Gesetzesfaktoren hatte sich jahrzehntelang niemand befaßt.

Bei dieser Sachlage durfte sich mein Aufsatz über die „Herkunft des Inquisitionsprozesses", als er — ein volles Menschenalter nach Brunners epochemachender Arbeit (1902) — erschien[1], immerhin der Hoffnung hingeben, daß er die stagnierende Forschung in erweitertem Gesichtskreis und mit präziserer Fragstellung wieder in Fluß bringen werde. Er bezeichnete als die nächstzulösende Aufgabe die Aufdeckung der Fäden, die die päpstliche Gesetzgebung des beginnenden 13. Jahrhunderts mit dem Norden und dem Süden Italiens, mit der Gesetzgebung der lombardisch-romagnolischen Stadtrepubliken einerseits, mit der Gesetzgebung des

---

[1] Richard Schmidt, Die Herkunft des Inquisitionsprozesses, in Festschrift der U. Freiburg zum Regierungsjubiläum Gr. Friedrichs I. (Felix Meiner, Leipzig 1902). Ich verweise hiermit auf diese Schrift wegen aller grundlegenden Erörterungen.

normannisch-sizilischen Großstaats andererseits verknüpfen, und versuchte den Nachweis, daß in beiden, der Kurie benachbarten Rechtsgebieten eine inquisitorische Verbrechensverfolgung von Amtswegen bereits zu der Zeit entstanden oder im Entstehen begriffen war, als die Kirche mit ihren eigenen Reformgesetzen erst auf den Plan trat. Dabei konnten über die weitere Frage, ob Innocenz III. von den beiden weltlichen Konkurrenten auch ab hängig gewesen, nur Vermutungen geäußert werden, denn überhaupt konnte es sich fürs erste nur um eine Anregung zur weiteren Forschung handeln. Gerade die Fixierung des eigentlichen Streitpunktes mußte sofort klar machen, daß die Quellenmasse, die im Rahmen dieses Problems zu sichten und zu gruppieren ist, eine ganz überaus verzweigte und weitschichtige ist. Machte die Analyse der oberitalienischen Stadtrechtsverhältnisse das Zurückschauen auf römisches und langobardisches Recht notwendig, so konnte über Herkunft und Bedeutung der — von vornherein dürftigen — normannisch-sizilischen Quellen ein unbefangenes Urteil nur gewonnen werden, wenn man mit dem westfranzösischen und englischen Rechtskreis Fühlung nahm, und wer wollte sich erdreisten, über alle diese komplizierten Wechselbeziehungen sofort eine fertige Meinung bei der Hand zu haben, noch dazu, wenn man beachtet, daß das strafprozessuale Phänomen, um das es sich in erster Linie handelt, mit der Geschichte des Strafrechts, des Verfassungsrechts, des Zivilprozeßrechts und mit der überall hier halb entwickelten Quellengeschichte und Quellenkritik verflochten ist. Auf Ergänzungen, Nachprüfungen, Berichtigungen mußte von Anfang an gerechnet werden, und das nicht nur in Nebenpunkten, sondern in sehr wesentlichen Vorfragen.

Da hat sich denn nun diese Berechnung in einem über alles Erwarten reichem Maße verwirklicht. Das Jahrzehnt, das seitdem verstrichen ist, ist an mittelbaren und unmittelbaren Beiträgen zur Kenntnis der italienischen Rechtsgeschichte des 12. und 13. Jahrhunderts sehr fruchtbar geworden.

Für das italienische **Stadtrecht** sind jetzt erst die Probleme

I. Stand der Frage.

des munizipalen Verfassungslebens so recht anschaulich geworden, die den Rahmen für die neuen Formen der Justiz, auch der Strafjustiz, abgeben. Davidsohns monumentale Geschichte von Florenz ist mit ihrem zweiten und dritten Band zum Ducento und zur Dantezeit fortgeschritten[1]. Hessel hat (1909) die von allen Juristen bisher schmerzlich vermißte Geschichte von Bologna geliefert[2], die in wichtigen Punkten bereits durch Einzelarbeiten ergänzt worden ist[3]. Ganz unmittelbar bereichernd für die lombardische Strafrechtspflege hat Kantorowicz' Veröffentlichung von Bologneser Strafakten gewirkt (1907), obwohl im Hinblick auf die hier zu erörternden Fragen ihr Wert um deswillen ein beschränkter ist, weil die lebensvollen Einblicke in die Untersuchungspraxis Bolognas, die sie eröffnet, erst in die Zeit der neunziger Jahre des 13. Jahrhunderts führt. Das andere Gemeinwesen Italiens, dessen Kenntnis zur Forschung nach den Anfängen der Inquisition nötig ist, den normannisch-sizilischen Staat Unteritaliens, hat die neueste Geschichtsschreibung fast zu einem Modeproblem erhoben. Während vor meiner Monographie außer älteren Arbeiten nur die Quellenuntersuchung von Brandileone vorgelegen hatte[4], eine verfassungsgeschichtliche Einzelbehandlung damals gänzlich fehlte, ist nunmehr (1904) durch Erich Caspar mindestens die Gründung

---

[1] Davidsohn, Geschichte von Florenz Band II (Guelfen und Ghibellinen, erste Hälfte 1904, zweite 1908), Band III (Die letzten Kämpfe gegen die Reichsgewalt 1913).

[2] Hessel, Geschichte der Stadt Bologna 1909.

[3] Auch für den Hintergrund der Strafrechtspflege ist von Bedeutung Schelb, Staatsverwaltung und Selbstverwaltung im Stadtstaat Bologna, Freib. Abh. 17 1911, sowie Richard Schmidt, die Richtervereine, 1911 (Zivilproz. Forschungen Nr. 8).
Methodologisch, nämlich für den Einblick in das rechtsgeschichtliche Verhältnis der verschiedenen Stadtrechte fördernd Baumgart, Die Entwicklung der Schuldhaft in Italien, Zivilproz. Forschungen Heft 10 1914.
H. U. Kantorowicz, Albertus Gandinus und das Strafrecht der Scholastik, Bd. 1 die Praxis 1907.

[4] Brandileone, il diritto Romano nelle leggi di regno di Sicilia. Torino 1884. Leider war mir dies Werk seinerzeit nicht bekannt. Auf den Standpunkt zu unserem Spezialproblem hat es keinen Einfluß.

des Staats von Palermo und Neapel, die Person und Politik des Staatsgründers Roger II ins Licht gesetzt[1]. Das deutsche Werk hat sehr bald ein französisches Seitenstück durch Ferdinand Chalandon erhalten[2]. Eine neue quellenkritische Untersuchung der normannisch-sizilischen Königsgesetze — bisher waren nur die sizilischen Stadtrechte von v. Brünneck genauer behandelt worden[3]) — war nunmehr durch verfassungsgeschichtliche Vorarbeiten erleichtert und ist inzwischen von Hans Niese geliefert worden[4]. Und endlich ist auch das Strafrecht des Regnum, unter Einbeziehung des Strafprozesses, von einem seitdem schon verstorbenen jungen Gelehrten, Fritz Zechbauer, zum Gegenstand einer gründlichen und ausführlichen Einzeldarstellung gemacht worden[5]. Eine sowohl dem französischen wie dem italienischen Quellenkreis in mannigfaltiger Richtung bereichernde Geistesarbeit liegt außerdem in den beiden umfänglichen Werken Ernst Mayers vor[6]. Und selbstverständlich müssen als unmittelbar eingreifend auch die bekannten synthetischen Schilderungen der englischen Rechtsgeschichte — abgesehen von Pollocks und Maitlands großer Geschichte[7] — besonders Holdsworth's vielfach ergänzendes Werk verwertet werden[8]. Am wenigsten ist die Kenntnis der geistlichen Gesetzgebung und Praxis des Prozesses innerhalb

---

[1] Erich Caspar, Roger II und die Gründung der normanisch-sizilischen Monarchie, 1904.

[2] F. Chalandon, la domination normande en Sicile et en Italie I. II 1907.

[3] W. v. Brünneck, Die mittelalterlichen Stadtrechte Siziliens, 1884.

[4] Hans Niese, Die Gesetzgebung der normannischen Dynastie im Regnum Siciliae, 1910; — eine von Niese selbst anerkannte wertvolle Vorarbeit hierfür: Kehr, Urkunden der normannisch sizilischen Könige, 1902.

[5] Fritz Zechbauer, Das mittelalterliche Strafrecht Siziliens mit einem Exkurs über Herkunft und Wesen des sizilischen Inquisitionsverfahrens, Kohlers juristische Beiträge, 12. Heft 1908.

[6] Ernst Mayer, Deutsche und französische Verfassungsgeschichte vom 9. bis zum 14. Jahrhundert, 2 Bde. 1899 und Italienische Verfassungsgeschichte, 2 Bde. 1909.

[7] Pollock and Maitland, History of English Law before the Time of Edward vol. I., I, II 1895.

[8] Holdsworth, History of English Law, vol. I 1905.

I. Stand der Frage.

der kritischen Zeit gefördert worden, offenbar unter dem Einfluß der zunehmenden Einsicht, daß die eigentlich schöpferische Kraft auf allen Gebieten des Justizrechts im Italien des 13. Jahrhunderts nicht die Kirche, sondern das weltliche Recht, Stadtrecht oder Königsrecht, geliefert hat. Immerhin hat auch die Geschichte des kanonischen Strafprozesses unmittelbare Förderung durch eine Studie Erwin Jacobis über den Strafprozeß der Dekretisten erfahren [1].

Alle diese Arbeiten — deren Übersicht übrigens keineswegs den Anspruch erhebt, erschöpfend zu sein [2] — werfen in irgend welcher Weise, mittelbar oder unmittelbar, neues Licht auf die Anfänge der Offizialverfolgung der Verbrechen, die das Mittelalter die „Inquisition" nennt; einzelne knüpfen an meine Untersuchung ihrer Herkunft direkt an. Es wird also nicht ohne Nutzen sein, wenn nunmehr wieder einmal eine Hand die getrennt fortgesponnenen Fäden zusammenfaßt. Denn der Aufgabe, die sich schon meine Abhandlung vom Jahre 1902 zum Ziele setzte, alle Nachbargebiete in Fühlung zu erhalten, hat sich keiner jener neueren Schriftsteller unterzogen. Ist das bei vielen die naturgemäße Folge der Art, wie sie ihr Thema abstecken, so bezeichnet es einen entschiedenen Mangel der Arbeit Zechbauers, die, sonst in vielen Einzelheiten förderlich, den ganzen Kreis der oberitalienischen Stadtrechte einfach mit Stillschweigen übergeht [3], — ein methodischer Fehler, der, nachdem ich bereits die Bedeutung dieser Quellengruppe für das Problem außer Zweifel gestellt hatte, nicht zu rechtfertigen war und selbstverständlich den Verfasser zu einem einseitigen und verschobenen Bilde führen mußte. Diese Rückschritte und Mißverständnisse gilt es zu be-

---

[1] Erwin Jacobi, Der Prozeß im Decretum Gratiani und bei den ältesten Dekretisten. (Zeitschrift der Savigny-Stiftung für Rechtsgeschichte, kanonistische Abteilung, Bd. 34, 1913, S. 223 ff.)

[2] Auf Ergänzungen in speziellen Fragen behalte ich mir vor, im weiteren Verlauf der Darstellung hinzuweisen.

[3] Sehr mit Recht bereits betont von Kantorowicz in seiner (sonst rühmenden) Besprechung von Zechbauers Monographie in Aschaffenburgs Monatsschrift für Kriminalpsychologie und Strafrechtsreform, 6, 743 (1909/10).

seitigen und dabei den neuen Stand des Gesamtbildes festzustellen. Und der Gegenstand verdient wohl, auf einem Ehren- und Erinnerungsblatt für Rudolf Sohm verzeichnet zu werden; war er es doch, der mit Brunner — 1871 — in seiner geistesenergischen und anschauungsreichen Monographie über die „fränkische Reichs- und Gerichtsverfassung" zuerst den umfassenden Rahmen entwarf, innerhalb dessen solche Einzelprobleme wie die Urformen des Schwurgerichts und der inquisitio erst volle Lebendigkeit gewannen, und der in allen seinen weiteren Schriften das Arbeiten von Kirchenrecht, Königsrecht und Stadtrecht am Bau unsres nationalen Rechts an der einen oder anderen Stelle immer von neuem durchleuchtet hat.

II. Die Inquisition der päpstlichen Dekretalen und der sizilischen Konstitutionen.

Als klargestellt kann heute jedenfalls das Verhältnis zwischen den beiden Gesetzgebungsfaktoren gelten, die in der südlichen Hälfte Italiens in naher Nachbarschaft für die Einführung des Inquisitionsprozesses wirksam wurden, — das Verhältnis zwischen dem Papst und dem König von Sizilien. Was ich vor zehn Jahren zunächst nur hypothetisch und mit Vorbehalten behauptete, ist jetzt durch eine solche Reihe neuer Argumente gestützt, daß man es als nicht mehr ernstlich bestreitbar bezeichnen darf: nicht der kanonische Inquisitionsprozeß hat die zeitliche Priorität; nicht so ist es, daß die monarchia Sicula diese Form der Verbrechensverfolgung von Innocenz entlehnt hat. Vielmehr hat der unteritalische Normannenstaat aus eigener, nationaler Tradition heraus und schon vor dem Papsttum eine weltliche Inquisition geschaffen.

Die ältere, durch Biener (o. S. 5) eingebürgerte Anschauung hatte bei einfacher chronologischer Vergleichung der ausdrücklichen Quellenaussprüche notwendig dazu gelangen müssen, die inquisitio in Neapel und Sizilien als Entlehung aus dem Kirchenrecht hinzustellen. Denn die organisatorischen Akte Innocenz' III. beginnen mit dem Jahre 1199 und sind mit dem zusammenfassenden Dekretale des Laterankonzils von 1215 fürs erste abgeschlossen. Für Sizilien dagegen ist der Inquisitionsprozeß erst durch eine Verordnung Friedrichs II. bezeugt, die noch nicht einmal in seinem eigentlichen Kodifikationswerke, den Konstitutionen von Melfi von 1231, enthalten ist, sondern erst nachträglich, wahrscheinlich bald nach 1240 erlassen worden ist. Und dabei mochte dem flüchtigen Blick sogar die grundsätzliche Behandlung des Instituts im Königsgesetz als eine Kopie des Papstgesetzes erscheinen[1]. Das erste große Hauptgesetz des Papstes, das cap. 10 de purgatione canonica von 1199 schildert als legales Verfahren eine congregatio populi, in der der Erzbischof als päpstliches Recht licet nullus accusator legitimus appareret, ex officio — fama publica deferente — inquiriert. Und ebenso setzt Kaiser Friedrich eine inquisitio generalis per provincias voraus, in welcher der königliche Justiziar de mala fama cuiuspiam befragt; in solchen Fällen soll ebenfalls accusator nullatenus exaudiatur.

Aber im Grunde mußte man die ältere Meinung von dem Augenblick an mit Argwohn betrachten, wo Brunner die Vorgeschichte des englischen Schwurgerichts offengelegt hatte. Stand einmal fest, daß die Karolinger eine inquisitio im Sinne der Veranstaltung einer Verbrechensrüge durch Gemeindezeugen vor Sendboten oder Grafen geschaffen hatten, stand weiter fest, daß der normannische Mutterstaat in Nordwestfrankreich die Mission erfüllt hatte, diese Anstalt mit samt dem übrigen karolingischen Apparat fortzupflanzen und nach England zu übertragen, so war bereits damit eine Art historischer Vermutung für die

---

[1] Biener, Beiträge S, 90: „Friedrich II. und sein Kanzler Petrus von Vinea, beide zu den Ausgezeichnetsten ihres Zeitalters gehörend, nahmen zuerst die kanonische Inquisition in die Constitutiones regni Siculi auf. — Bes. ist tit. I lib. 50 die kanonische Inquisition aufgenommen." Vgl. auch Hinschius, Kirchenrecht V, 349 f.

Annahme begründet, daß die Normannen gleiche Rechtsformen wie nach ihrer englischen Kolonie, so auch nach ihrer unteritalischen mitgebracht hatten. Direkte quellenmäßige Belege, so sehr man ihr Fehlen beklagen mochte, mußten doch minderwichtig werden, wenn man nachweisen konnte, daß das nordische Herrenvolk auch andere, womöglich alle charakteristischen Stücke der heimischen Staatsorganisation nach Palermo und Neapel verpflanzt hatte, und daß die rechtlichen Grundsätze, Formen, Benennungen des Behördenapparats, in denen die Verbrechensrüge eingebettet lag, hier wie im Stammland oder in England die gleichen waren. Diese Schlüsse hatte ich in der wiederholt erwähnten älteren Schrift zum ersten Mal gezogen und durch Indizien unterstützt.

Meine These hatte in der Tat so sehr die innere Wahrscheinlichkeit für sich, daß gegen diesen Teil des Problems von keiner Seite begründeter Widerspruch erhoben worden ist[1]. Allerdings — das läßt sich nicht beschönigen — ein direktes Quellenzeugnis für das Dasein des fränkisch-normannischen Rügeverfahrens im sizilischen Reich vor Innocenz können wir auch heute nicht aufbringen. Aber jener Indizienbeweis, den ich zunächst zaghaft und mit vielen Vorbehalten zu führen suchte, ist inzwischen ein viel reicherer und dichterer geworden[2]. Die Untersuchungen von Ernst Mayer, Caspar, Zechbauer, Niese, Chalandon u. a. haben so viel lebendigere Farben einerseits in das Bild des anglonormannischen, andrerseits in das des sizilisch-normannischen Staats des 12. Jahrhunderts gebracht, daß der nationale Zusammenhang zwischen den beiden verwandten Rechten immer anschaulicher geworden ist[2]. Nur der Nachteil haftet den bis-

---

[1] Vgl. die Übersicht der seitdem erfolgten Meinungsäußerungen u. S. 40f.
[2] Allerdings auch nur dies. Wenn Niese, Gesetzgebung S. 104, der italienischen Verfassungsgeschichte Ernst Mayers II. S. 408 (1909) die Priorität zuspricht, die „Entlehnung der wesentlichen Stücke der sizilischen Verfassung aus der Normandie oder England richtig erkannt" zu haben, so kann ich das natürlich nicht zugeben. Im übrigen hat innerhalb der neueren Literatur vor mir schon Brunner an einer hochbedeutsamen Stelle auf den anglonormannischen Charakter der sizilischen Verfassung hingewiesen. (Vgl. u. S. 20 A. 1, S. 22 A. 2.)

herigen Arbeiten an, daß jede von ihnen nur bald da, bald dort die Verwandtschaft einzelner Punkte betont oder beweist. Eine zusammenfassende Übersicht über den Gang der beiden politischen Organisationswerke, die sie in ihrer Totalität zu konfrontieren gestattet, fehlt in der bisherigen Literatur, und es dürfte die dringlichste Aufgabe sein, eine solche Übersicht herzustellen, um ein abschließendes und unbefangenes Urteil zu ermöglichen. Ich versuche dies im Folgenden bei möglichster Knappheit des Rahmens, und selbstverständlich unter Beschränkung auf die Teile der normannischen Verfassung, die zur Strafrechtspflege in näherer Beziehung stehen.

III. Anglonormannischer und sizilisch-normannischer Staat.

Bekanntlich besteht die Eigenart der Staatsgründung, durch die Wilhelm der Eroberer die englische Insel mit seinem normannischen Stammland zusammenzuschließen trachtet, in der für das Mittelalter ganz außergewöhnlichen Intensität, die Autorität und die speziellen Rechte der Krone in den örtlichen Bezirken durch Organe wahrzunehmen, die den Willen der Zentralgewalt unmittelbar, nicht verfälscht durch die Hemmungen der Eigeninteressen erblicher Lokaldynasten, zur Geltung bringen. Die Autorität der Krongewalt hat vor allem die praktische Bedeutung, Ordnung und Frieden zu erhalten, die Fehde zwischen den einzelnen Gewalthabern und unter den gegebenen Verhältnissen noch mehr zwischen Normannen und Sachsen zu unterbinden. Die Kronrechte sind — da die militärischen und ihre Bedeutung für die Auslandspolitik hier nicht interessieren — in erster Linie die fiskalischen, mit anderen Worten die Maßregeln, die einen glatten und ertragreichen Eingang der Abgaben, Gebühren, Bußen aller Art an den königlichen Schatz verbürgen. Beide Interessen sind an einer Stelle und zwar an einem Punkte, der im Zusammenhang der hier behandelten Frage von vornherein genau fixiert werden muß, eng mit einander verbunden: soweit die Rechtsstörungen und Unbotmäßigkeiten Strafgelder an den König verwirken, wird die Handhabung der Strafjustiz zugleich Akt der königlichen Finanzverwaltung.

In der Tat laufen die spezifisch anglonormannischen Schöpfungen seit 1066 durchweg in diesen Tendenzen zusammen. Ausgangspunkt für die eine, die justizielle Seite, ist die Ausschreibung des königlichen Landfriedens, der alle schweren Frevel zu „felonia", zum Bruch der Treue gegen den Oberlehnsherrn stempelt und den Frevler auf Gnade und Ungnade in das Ermessen, merci, des Monarchen überweist und diesem die Fixierung des Strafgeldes, amerciamentum, überträgt[1]. Der Ausgangspunkt für die finanzielle Seite ist die eigentümliche englischnormannische Behördenorganisation. Zunächst die bekannte Abschnürung einer Schatz- und Oberrechenkammer aus der Curia des Königs-Herzogs im scaccarium, échiquier. Während das Kollegium

---

[1] Hauptstelle: Heinrich I. ao. 1101 cap. 2 (bei Stubbs, select charters p. 10p.): „Pacem firmam in toto meo regno pono et teneri amodo praecipio", — wozu Flor. v. Worcester ad ann. 1108 (Stubbs, p. 97) „Rex Henricus pacem firmam legemque talem constituit, ut si quis in furto vel latrocinio deprehensus fuisset, suspenderetur." Unter Richard I. ist dieser Gedanke so eingebürgert, daß die Wahrung des Königsfriedens (pacem regis pro posse servare) integrierender Bestandteil des Amtseids für den Lord-Großjustitiar, den Capitalis Justitia totius Angliae, geworden ist. Natürlich wird dabei nicht verkannt, daß in diesen wie in den folgenden Punkten von einer Originalität des anglonormannischen (und des fizilisch-normannischen) Staats nur im Verhältnis zu den übrigen Staaten ihres Zeitalters gesprochen werden kann. Ich setze als bekannt voraus, daß hierin wie in anderen Äußerungsformen der staatlichen Hoheit der karolingische Staat der eigentliche Bahnbrecher für die Idee gewesen ist, die Compoficionen des germanischen Volksrechts durch die Leibes- und Geldstrafen des Königsrechts mit Hilfe der rechtstechnischen Kategorie des Bruchs der Königstreue, der infidelitas, zu verdrängen. (Brunner, Rechtsgeschichte II, S. 64, 65, 690.) Im Zusammenhang des vorliegenden Problems hat Riese (Gesetzg. der normann. Dynastie S. 20 ff.) sich das Verdienst erworben, auf diese Seite der Sache hinzuweisen und den Parallelismus der anglonormannischen und der südnormannischen Herrscher in der Wiederbelebung der Friedensidee zu belegen. Vgl. im übr. Pollock and Maitland, history II 463; Ernst Mayer, deutsche u. französ. Verf.G. I S. 161 ff.; Beyerle, Von der Gnade im deutschen Recht, 1910.

um den Fürsten in seiner mitregierenden und seiner mitrichtenden Funktion als Staatsrat und als Hofgericht hier wie in Frankreich und Deutschland nach wie vor ungetrennt, Curia oder Consilium regis, bleibt, gewinnt nachweislich in der „Schachbrett= Kammer" die Finanzhoheit am frühesten ihr selbständiges und in sich geschlossenes Zentralverwaltungsorgan[1], dadurch charakterisiert, daß zunächst in der „Curia ad scaccarium" die beisitzenden großen Lehnsträger und Hofbeamten durch einen festen Stamm juristisch=technischer Berufsbeamten in den Schatten gestellt, allmählich ersetzt werden. Und an diese, die finanzverwaltende Funktion des Regierungszentrums knüpft nun — ebenfalls bestimmt nachweisbar — die wirklich geregelte Tätigkeit der neuen Zwischeninstanz zwischen Zentrum und Lokalbeamten an, die in den Anfängen der „Justiziarien" mindestens gegen das Ende Heinrichs I. seit 1131, als ständiges Institut sichtbar wird.

Es braucht hier nicht das ganze Material wiederholt zu werden, durch das auch dieser Bestandteil des anglonormannischen Staats mit der Vergangenheit, mit dem karolingischen Staat, dessen missi dominici er nachgebildet ist, zusammenhängt. Denn es hat sich auch durch die neueren Forschungen nichts an dem schon durch Brunner[2] gewonnenen Eindrucke geändert, daß in der Übergangszeit des frühnormannischen Staats vor und gleich nach der englischen Eroberung die unmittelbaren Kommissare des Fürsten über und neben seinen Bezirksbeamten, den vicecomites, nur ein außerordentliches und selten bezeugtes Organ bedeutet haben[3]. Flüssig sind die Termine ihrer Abordnung, —

---

[1] Hierfür habe ich die Belege bereits in meiner allgemeinen Staatslehre II, 2 (1903) S. 421 zusammengestellt. Hauptquelle: der 1178 anonym (v. Walter Fitz Neal, Treasurer unter Heinrich II.) veröffentlichte dialogus de scaccario, hinter dessen Schilderung schon 1769 Madox in seiner „History and antiquities of the Exchequer" die normannische Herkunft des Instituts hervorgezogen hat. (Vgl. darüber Pollock u. Maitland I, 140).
[2] Brunner, Schwurgerichte, S. 130.
[3] Nur als solches in der wertvollen Belegstelle für Normandie unmittelbar nach der Eroberung, aus dem Jahre 1070, (Gallia christiana XI. inst. 65 bei Brunner S. 148): Instruktion Wilhelms des Eroberers an

wir wissen nicht wie häufig und von wann an regelmäßig das Kommissorium erteilt wurde. Flüssig sind die Anlässe ihrer Ernennung und Beschickung; es bleibt dunkel, wann sie zur bloßen Kontrolle der Bezirksbeamten, wann sie zu eigner Vornahme von Justizgeschäften beauftragt werden. Flüssig ist weiter die Titulatur: wie unter den Abgeordneten des Schatzamtes und Hofgerichts die Namen der barones, fideles, iusticiarii wechseln, so werden dieselben Titulaturen, besonders die des Justiziars auch für ganz andere unmittelbare Delegaten der Fürsten z. B. solche militärischen Charakters, gebraucht. Und endlich schwankt auch der Personenkreis, dem die Königsboten entnommen werden; es sind lange Zeit — bis 1150 — nicht nur Mitglieder der großen Zentralbehörde, sondern auch oft die im Bezirk ansässigen Kronvasallen und auch Bezirksbeamte, Vicecomites, Sheriffs, die dazu verwendet werden[1]. Aber was angesichts der ursprünglichen Unfertigkeit des Instituts für den Vergleich der englisch-normannischen Verhältnisse mit den sizilischen von Wichtigkeit wird, das ist der planmäßige organisatorische Gedanke, der seit Heinrichs II. Regierung gerade aus jener Unfertigkeit herausstrebt, und einem bestimmten Ziel zuführt. Die zweite Hälfte des 12. Jahrhunderts vollbringt die vierfache Verfeinerung der Behörde, die ihr dann dauernd den Charakter verliehen hat: die Kommissare erhalten

---

Vicecomes Richard von Avranches und Abt Wilhelm von Caen, um die Grundbesitzverhältnisse des Klosters Fontenay zu prüfen, und in der ebenfalls bedeutsamen, von Brunner noch nicht verwerteten Stelle für England aus der Regierung des Wilhelm Rufus vom Jahre 1096. (Bigelow, Placita Anglo-Normarica (1879) p. 69. Holdsworth, history p. 32 A. 1.): Abordnung des Bischof Wakelin von Winchester und des K. Kaplans Randulph nach Devonshire, Cornwall und Exeter „ad investiganda regalia placita".

[1] Alle diese fließenden Verhältnisse treffen auch noch für den allein sicher faßbaren Moment zu, wo ihre Verwertung zuerst in größerem Maßstab beobachtet werden kann, nämlich für den Moment, der durch das bekannte früheft erhaltene Schatzregister, den rotulus Scaccarii für das 31. Jahr Heinrichs I. (1131) veranschaulicht wird. Die 9 Kommissarien aus deren Placita der Rotel die von den Gerichtseingesessenen geschuldeten Summen feststellt, sind hier 3 Hofbeamte von Schatzamt und Curia, daneben 6 landsässige Kronvasallen aus der Gegend des Kommissariatssprengels. (Vgl. Gneist, engl. Verfassungsgesch. S. 216f.).

die periodische Funktion in festem Umlaufssprengel, Circuitus. Sie nehmen den Typus der geschäftsmäßig und juristisch geschulten Berufsbeamten, einer engeren Mittelgruppe zwischen Hofbeamten und Grafschaftsaristokraten an, die auch dementsprechend gleichmäßig mit der richterlichen und der finanzverwaltenden Funktion ausgestattet werden[1]. Speziell in ihrer richterlichen Funktion gewinnen sie ferner die Urteilsgewalt und Strafgewalt in peinlichen Fällen als Monopol. Sie konkurrieren nicht mehr mit den Bezirksbeamten, sondern drängen diese auf die kleinen Verbrechensfälle, die niedere Strafjustiz zurück. Um dies Prinzip durchzuführen, wird folgerichtig am Ende des 12. Jahrhunderts verordnet, daß die Funktion des Königsrichters den Bezirksbeamten, den Vicecomites, nicht mehr übertragen werden kann; es wird also die völlige Rang- und Klassentrennung der Oberbeamten als einer Beamten-Elite angebahnt[2].

---

[1] Nach dem ersten Organisationsversuch der Assise von Clarendon (1164) erscheinen die reisenden Richter seit dem Reichstag von Clarendon 1166 in einer ununterbrochenen Kette (nachgewiesen zuerst von Edward Foß, the Judges of England, 1848). Die ursprünglichen Schwankungen in der Abgrenzung der Sprengel und des Turnus dauern fort auf dem Reichstag von Northampton 1176: 6 circuitus mit je 3 Justiziarien — auf dem von Windsor 1179: 4 circuits).

[2] Dieser Grundsatz ist von 1194 ab, also unter Richard I., nachweisbar: nullus vicecomes sit iustitiarius in vicecomitatu suo nec in comitatu. (Capitula placitorum coronae regis c. 2, bei Stubbs, select charters 260. Niese S. 171). Schon vorher wird die gleiche Entwicklung in anderen Formen in der Normandie durchgeführt, wie schon Brunner, Schwurgerichte, S. 157 ff. erkannt hat. Aber es ist ein Mißverständnis Nieses, wenn er die Darlegungen Brunners so deutet, als wenn in der Normandie die völlige Zentralisierung der oberen Gerichtsbarkeit in der Hand des Herzogs von Uranfang an bestanden habe, als Folge davon, daß die Normandie als Markgrafschaft organisiert gewesen sei (Gesetzgebung S. 104, 171). Das hat Brunner gar nicht behauptet und kann nicht behaupten können. Denn die Vicecomites des altnormannischen Staats vor und gleich nach der Eroberung haben (da sie aus den missi comitis des alten Grafen-Herzogs (Sohm, fränk. G.Verf. S. 508) entstanden sind, die volle Gerichtsbarkeit erworben gehabt und werden mit dieser ganzen Machtfülle nach England übertragen. Erst allmählich beginnt der Prozeß, der sie zugunsten der ja nunmehr erst zu ständigen Behörden entwickelten Justiziarien beschränkt, und die entscheidenden Akte der Zentralisierung kommen auch auf dem Festland erst von Heinrich II., der die Formen (die eigentümliche Verwendung des Bailli) von seinem Stammland Anjou mitbringt. (Vgl.

Sie erhalten endlich — das allerdings zuletzt und in England fest eingebürgert erst im 13. Jahrhundert — die Würde des „Justiziars"[1].

Und nun vergleiche man mit diesem Entwicklungsgang den zeitlich — zwischen 1100 und 1190 — genau nebenhergehenden Aufbau der monarchia Sicula.

Seine Rekonstruktion bietet insofern eine größere Schwierigkeit, als die Quellen, Gesetze und Urkunden, wenn sie schon für England große Lücken zeigen, für Sizilien ganz fragmentarisch und für die fragliche Zeit sozusagen nur in zufälligen Stichproben vorhanden sind[2]. Von der normannischen Gesetzgebung liegen als geschlossenes Dokument nur die von König Roger II. 1140 auf dem Hoftag von Ariano erlassenen Assisen vor, die in einem vatikanischen Codex aus dem Ende des 12. Jahrhunderts als eine Gruppe gleichzeitig erlassener Gesetze überliefert sind[3]. Aber eine zweite Handschrift, die in Monte Cassino erhalten[4], einen Teil derselben Gesetze in verstellter Reihenfolge und untermischt mit anderen, in der vatikanischen Handschrift nicht enthaltenen Gesetzen wiedergibt, beweist, daß sowohl in Rogers früherer Zeit wie in der späteren noch andere Gesetze erlassen worden sind und auch sonstige Argumente lassen es als un-

---

Brunner a. a. O.) Dieser Punkt ist wichtig, weil er Niese zu falschen Folgerungen verleitet (a. S. 22). Auch E. Mayer I S. 348 ff. spricht nur von der späteren Zeit. Über das 13. Jh. Güterbock, Studien zum engl. St.Pr. 1914, S. 17.

[1] Noch in der Zeit Heinrichs II. ist diese Titulatur nicht fest eingebürgert. 1165, 1177 bezeichnet Roger von Hoveden die vom König ernannten Kommissarien indifferent als fideles, familiares, barones curiae (Gneist, Verf.-Gesch. S. 229. A. 2.)

Daß die Würde des Justiziars überhaupt nur im normannischen Rechtskreis vorkommt, vgl. Stubbs, Constitutional history. Cap. IX no 120 (4 ed. p. 374).

[2] Zum folgenden vgl. jetzt vor allem die Quellenkritik Nieses, Gesetzg. der normann. Dynastie, S. 9 ff. Seine Datierungen, die im wesentlichen mit denen von Brandileone übereinstimmen, akzeptiere ich im allgemeinen. Vgl. jedoch unten S. 21, A. 3.

[3] Benutzt hier wie jetzt allgemein der Abdruck bei Brandileone (o. S. 7) S. 94 ff.

[4] Abdruck bei Brandileone S. 119.

III. Anglo=normannischer und sizilisch=normannischer Staat.   19

bezweifelbar erkennen, daß auch Rogers Nachfolger Wilhelm I. (1154—66) und II. gesetzgeberisch tätig gewesen sind. Vor allem ergibt sich dies aus dem kodifikatorischen Abschluß, den das Werk der Staatsorganisation in den schon erwähnten Konstitutionen von Melfi, dem Gesetzeswerk Kaiser Friedrichs II. im Jahre 1231 und dessen Zusätzen erhalten hat. Hier werden manche Gesetze mit der Überschrift Rogerius rex, Wilelmus rex als Verordnung des Vorgängers ausdrücklich bezeichnet, und so ist von vornherein nicht ausgeschlossen, daß, wenn an anderen Stellen der imperator Fredericus als Urheber genannt wird, auch an deren Stelle ursprünglich ältere Gesetze der früheren Könige gestanden haben mögen. Zieht man dies in Erwägung, so läßt sich annähernd eine Entwicklung erkennen, die nicht nur den Geist, sondern auch die einzelnen Etappen der anglonormannischen Organisation widerspiegeln.

Auch im südlichen Normannenreich bildet die Grundlegung der staatlichen Ordnung und speziell ihrer Justizordnung die Durchführung eines Landfriedens. Niese macht es mehr als wahrscheinlich, daß in dem Territorium, das — nach der Episode der ursprünglichen, zersplitterten Eroberungszeit — für das politische Einheitswerk und die endgültige Gestaltung des Staats den eigentlichen Ausgangspunkt gebildet hat und auch nachher lange der Kern der zentralisierten Monarchie bleibt, — daß in Sizilien schon Graf Roger I. einen ewigen Landfrieden errichtet hat[1]. Wenn also Roger II. 1029, nachdem er Apulien an das sizilisch=kalabrische Stammland angegliedert hatte, auf dem Reichstag zu Melfi die neu unterworfenen Barone zur Leistung eines allgemeinen Friedenseides brachte, so darf angenommen werden, daß dies nur die Weitererstreckung des sizilischen Landfriedens auf die unteritalischen Landschaften bedeutete[2]. Wie der Land=

---

[1] Beleg Urkunde Rogers I. für Patti 1094 (Pirro, Sicilia sacra bei Niese S. 17): „per totam Siciliam pacem posui continuam". Schon vorher (1092) spricht eine Urkunde für Catania von der „pacificata omnis terra Siciliae".

[2] Beleg der Bericht von Rogers Biographen Alexander von Telesia, I, 20

frieden im einzelnen lautete, und in welcher Beziehung er zu eventuellen älteren Gesetzen des Fürsten stand, wissen wir nicht. Die Hauptsache ist auch hier das Ergebnis, daß von vornherein bestimmte schwere Delikte als engeres Wirkungsfeld der Königsjustiz und Handhabe der königlichen Finanzpolitik abgesteckt wurden. Und auf dieser Grundlage entwickelt sich nun in Sizilien ganz derselbe Behördenapparat wie im Norden. Wie dort beginnt auch hier die frühe Differenzierung der königlichen Curie zum regierend-richtenden und zum finanzverwaltenden Kollegium[1]. Und vor allem wiederholt sich auch hier nicht nur die Schaffung des Justiziariats als delegierter Kontroll- und Devolutivinstanz über den städtischen Bezirksbeamten, den baiuli, sondern, was das wichtigere ist, die planvolle allmähliche Ausbildung der **Justiziarien** von halb feudalen Gelegenheits-Kommissaren zu einer festen regulären Behördenstufe mit gleich bureaukratischem Gepräge, mit der gleichen Tendenz, die höhere Strafgerichtsbarkeit zur ausschließlichen Domäne dieser Hofrichter zu erheben und sie ebenso wie die höhere Ziviljustiz den Amtleuten, baiuli, zu entziehen; endlich mit dem Ergebnis der gleichen prinzipiell-organisatorischen Abtrennung der Justiziarien von den Bezirksbeamten und feudalen Grundherren. Hier liegt allerdings die Stelle, an der zuerst die (S. 18) erwähnte Unvollkommenheit der Quellen schmerzlich zu empfinden ist. Nicht alle Zwischenstufen lassen sich sauber abheben. Sicher ist nur der Anfang des Justiziarien-Amts: im Jahre 1135 betraut König Roger kurz nach Beendigung des ersten siegreichen Feldzugs gegen seinen Nebenbuhler den Bischof

---

(bei Niese S. 24 Anm. 1) — allerdings war derselbe hier bereits durch einen zweiten Vorläufer, durch die wiederholten kirchlichen Gottesfrieden, vorbereitet, die die älteren Synoden zustande gebracht hatten.

[1] In diesem wichtigen Punkte hat, wie ich leider in meiner älteren Abhandlung übersah, zu allererst der Scharfblick Brunners die Einwirkung des normannischen Stammlands auf das Regnum Siciliae erkannt und nachgewiesen. (Zeitschr. der Savignystiftung, germanist. Abteil. II S. 210, 18.) Auch Niese wie Zechbauer haben dies hochwichtige Mittelglied zwischen Strafjustiz und Finanzverwaltung, das Zentrum der Behörden, die den beiden Zwecken dienen, nicht betont.

von Capua und den Haymon von Arienzo mit dem Auftrag, „allen, die Unrecht litten, Recht zu verschaffen"[1]. Und ebenfalls sicher ist der Abschluß der Organisation. In einem Gesetz ist die prinzipielle und endgültige Competenzregulierung erhalten, durch die alle Kapitalfälle, — Raub, Einbruch, Landfriedensbruch, Notzucht, Tötung, Brandstiftung und alle Frevel, für die der Täter mit Leib und Vermögen dem König verfallen ist, den Justiziaren ausschließlich zugewiesen werden[2]. Aber die Kenntnis jenes Anfangs- und dieses Endpunktes sagt mehr. Denn die Vorstellung ist unabweisbar, daß zwischen Anfang und Abschluß trotz der herrischen Gewalt, mit der die Krone in Süditalien auftrat, ein längerer Zeitraum verflossen sein muß. Unter keinen Umständen kann es den Königen im Handumdrehen möglich gewesen sein, die Barone und Amtleute der oberen Justizfunktionen zu berauben und sie unter die unmittelbare Zentralisation zu beugen. Man gelangt also mit dem Schlußpunkt aus Gründen historischer Wahrscheinlichkeit in die Zeit Wilhelms II. (1166—89), etwa in die achtziger Jahre des Jahrhunderts, was dadurch bestätigt wird, daß sich das Kompetenzgesetz „que sit potestas justitiarii" nicht in dem einheitlichen Gesetzestext Rogers, sondern in der Cassinenser Handschrift als deutlich sich abhebender Nachtrag findet[3]. Nimmt man dies an, so stellt sich die Ent-

---

[1] Chalandon, domination normande II p. 676. Caspar S. 307.

[2] Cod. Cass. r. 36 (que sit potestas Justitiarii) „Sancimus ut latrocinia, fracture domorum, insultus viarum, vis mulieribus illata, homicidia, leges paribiles, calumpnie criminum, incendia, forisfacte omnes, de quibus quilibet de corpore et rebus suis mercedi curiae debeat subiacere a iustitiariis iudicentur clamoribus supradictorum baiulis depositis, cetera vero a baiulis poterunt detineri."

[3] In diesem Punkte kann also die Zeitbestimmung Nieses, der (S. 104; ebenso wie Caspar S. 312 A. 6) die Instruktion für die Justiziare (Ass. Cass. rub. 36) „aus formalen und sachlichen Gründen" in die Zeit Rogers, und zwar noch vor die großen Assisen von Ariano (1140) setzen will, unmöglich akzeptiert werden. Ganz abgesehen davon, daß bei solcher Annahme die sizilische Entwicklung der englischen um viele Jahrzehnte in einem Hauptpunkt vorausginge, spottet das aller innern Wahrscheinlichkeit. Es steht im Widerspruch mit der Quelle, in der Rubr. 36 offenbar ein Anhängsel ist (der entscheidende Passus „a iustitiariis iudicentur — bis Schluß" ist sogar nur an den Rand

wicklung der Gerichts- und Finanzverfassung in England und in Sizilien und Apulien in einem viel höheren Grade als verwandt dar, als ich es in meiner älteren Abhandlung behauptet hatte. Nicht nur die Darstellung Caspars erledigt sich, der offenbar — ohne meine Abhandlung zu kennen — in ihr eine vorwaltend griechisch-byzantinische Kopie zu entdecken glaubte[1]. Auch Nieses Darstellung wird noch zu berichtigen sein, obwohl dieser Gelehrte, wie bereits kurz vor ihm Ernst Mayer den normannischen Einfluß zum Hauptgedanken macht[2]. Denn bei Niese waltet doch immer noch die Vorstellung ob, als sei das gemeinsame Quellgebiet für Sizilien wie für England das normannische Stammland, während sich jetzt herausstellt, daß die Organisation des Regnum Siciliae einen zeitlich hinter der englischen Verfassungsarbeit hergehenden, ihr analogen Gesamtverlauf nimmt.

Natürlich wird hierbei nicht verkannt, daß neben den normannischen Einwirkungen auch noch andere Einflüsse in Sizilien mächtig waren, — allgemein germanische[3] sowie in der Tat auch an einzelnen Stellen byzantinische[4]. Ebensowenig wird ver-

---

des Codex geschrieben: Brandileone S. 136 A. 4). Und endlich wird es durch die Analogie der Normandie nicht gestützt, da Niese sich hier von dem schon oben (S. 17 A. 2) erwähnten Mißverständnis der normannischen Verhältnisse hat leiten lassen. Ein gewisses Gewicht muß doch wohl auch darauf gelegt werden, daß die Cassinenser Handschrift zum Unterschied von der Vatikanischen den Titel: Assise Regum Regni Sicilie führt.

[1] Mit recht unvollkommenen Argumenten, z. B. für die Justiziarien auf die Zufälligkeit gestützt, daß ein gewisser Wilhelm von Pozzuoli, der 1145 als Justiziar mit anderen im Gebiet von Cefalu erscheint, in einer griechischen Urkunde der gleichen Zeit als $\mu\acute{\varepsilon}\gamma\alpha\varsigma$ $\varkappa\varrho\iota\tau\acute{\eta}\varsigma$ bezeichnet wird.

[2] Merkwürdigerweise übrigens auch, ohne die eingehenden Darlegungen in meiner längst vorausgegangenen Schrift zu nennen, — merkwürdig deshalb, weil Niese vielfach die Schrift Zechbauers benutzt und rühmt, der seinerseits in den hier fraglichen Punkten meiner Darstellung getreu gefolgt ist und das auf jeder Seite hervorhebt.

[3] Beispielsweise in den üblichen Hofämtern, — dem Marschall, Seneschall, vor allem in der Prävalenz des Kanzleramts.

[4] Ebenfalls in gewissen Hofämtern, z. B. dem eines Protocamerlengus (Kämmerers, Logotheten), besonders in dem ursprünglich mächtigsten Finanz- und Militäramt des Admirals, der erst unter Roger II. durch den Kanzler verdrängt wird. In diesem Punkte darf ich auf Caspars Buch verweisen.

III. Anglonormannischer und sizilisch-normannischer Staat.

kannt, daß nicht alle Städte der anglonormannischen Ämterhierarchie in Sizilien die gleiche Rolle spielen, — so vor allem nicht die des vicecomes, des englischen Sheriff, als eigentlichen Bezirksbeamten. Denn für ihn war im südlichen Teil des Staates kein Platz gegenüber den mächtigen sizilischen Städten, denen England nichts ähnliches an die Seite zu stellen hatte, — im nördlichen nicht gegenüber den angesessenen Feudalherren, denen eben nur in den königlichen Justiziaren eine stärkere Macht entgegengesetzt werden konnte. Worauf es hier ankommt, ist nur, daß überall da, wo es auf **planmäßiges Schaffen** hinauslief, die Leitideen in England und Sizilien identisch waren[1]. Und das mit gutem Grunde. Denn auch die Bedingungen, von denen diese Wechselwirkung abhing, sind durch die neueren Forschungen anschaulich geworden. Caspar erzählt uns, daß gerade während der entscheidenden gesetzgeberischen Wirksamkeit König Rogers, nämlich seit 1137, ein **Anglonormanne**, Robert von Selby, als Kanzler an der Spitze der sizilischen Verwaltung steht[2]. Und umgekehrt gibt der schon erwähnte bedeutsame Dialogus de Scaccario von 1178 (o. S. 15, A. 1) als Mitglied des englischen Schatzamts unter Heinrich II. den Engländer Thomas Brown an, der früher am Hofe des Königs von Sizilien eine hervorragende Stellung eingenommen habe[3][4]. Man sieht also, daß die frühere Anschauung

---

[1] Dabei möchte ich andrerseits auch das nicht zu betonen unterlassen, daß die im Vorigen hervorgehobenen Verwandtschaften zwischen anglonormannischem und sizilischem Staat keineswegs die einzigen sind, die sich erweisen lassen. Ich habe schon selbst in meiner „Herkunft des Inquisitionsprozesses" S. 111 auf andere Analogien hingewiesen, z. B. im **Militärwesen** (frühe Verdrängung des Lehnsheers durch Söldnerelemente) u. a. Niese fügt neue Beziehungen hinzu. Beachte z. B. seine wertvolle Feststellung bezüglich der **Forstgesetze** S. 181.

[2] Caspar, Roger II. S. 43 (Charakteristik daselbst). Der erste Kanzler des Königs, der Erzkaplan Guarin, war 1137 gestorben.

[3] Stubbs, Bigelow u. a. haben aus dieser Dialogus-Stelle schließen wollen, daß der genannte Brown die Übertragung des Echiquier nach Sizilien (o. S. 20) bewirkt habe. Der Schluß ist natürlich willkürlich. (Brunner, Zeitschr. der Sav.-Stift. II, 210). Es zeigt sich eben jetzt, daß die innere Berührung zwischen England und Sizilien eine so vielseitige war, daß man einzelne Persönlichkeiten als die entscheidenden Austausch-Politiker gar nicht mehr fixieren kann.

[4] Seit der späteren Zeit Wilhelms I. (1154—66) ist die Tätigkeit weiterer

hier wie bei so vielen Beziehungen der mittelalterlichen Welt durch jene naive Vorstellung auf falsche Wege geleitet worden ist, die sich das Leben der Staaten dieser Zeit als ein nur durch eigne lokale Bedingungen beeinflußtes Stilleben dachte. Es lohnt sich heute nicht mehr, dies Vorurteil zu widerlegen. Auffallend ist allerdings speziell bei dem Wechselverhältnis zwischen Sizilien und England das, daß in der auswärtigen Politik des 12. Jahrhunderts der Zusammenhang der beiden Staaten ein geringer ist. Die beiden großen Politiker des Jahrhunderts, zuerst Roger von Sizilien, dann Heinrich II. von England haben jeder von seinem Standpunkte aus gerade das stammverwandte Reich am entgegengesetzten Ende der europäischen Peripherie nicht zum Stützpunkt ihrer weitangelegten imperialistischen Politik gemacht. Roger arbeitet mit Frankreich und dem Papst gegen Deutschland und Konstantinopel. Heinrich Plantagenet kombiniert mit den norddeutschen Welfen und den südfranzösischen und savoyischen Dynasten und mit dem Papst zugleich gegen Frankreich und den Kaiser[1]. Aber bei näherem Zusehen ist das gar nicht befremdlich. Solange das anglonormannische Reich zu Beginn des 12. Jahrhunderts unter Heinrich I. stark war, hatte Roger mit seinen inneren Nöten, der Einigung der Monarchie, zur Genüge zu tun. Als er die Hände frei hatte und in die große Politik eingriff, lagen England und Normandie in wilder Konfusion unter der Regierung Stephans, gelähmt und bündnisunfähig. Und als im Jahre von Rogers Tod (1154) Heinrich Plantagenet an die englische Krone kam, hatte bereits das Andrängen der Barone

---

Anglonormannen in einflußreichen Stellen in Sizilien bezeugt. Von 1166—1168 funktioniert als Kanzler ein nordwest=französischer Prälat aus den normannischen Grenzgebieten Stephan von Perche (Chalandon II., 420 ff.). Ebenfalls unter Wilhelm I. und II. von Einfluß sind die Prälaten Richard Palmer, Erwählter von Syrakus, Mitglied des Staatsrats, ein dem Thomas Becket von Canterbury nahestehender Engländer, und Walther Ophamil, Erzbischof von Palermo, Erzieher Wilhelms II., seit dessen Majorennität (1168) der leitende Politiker, ebenfalls Engländer. (Niese, S. 195, 196.)

[1] Vgl. hierüber Hardegen, Imperialpolitik Heinrichs II. von England in Heidelberger histor. Abhandlungen, 1905. Cartellieri, Machtstellung Heinrichs II., Heidelb. Jahrb. VIII (1899).

gegen die Krone in Sizilien wieder begonnen. Daß deswegen die englischen Herrscher das Schwesterreich in Süditalien auch in der auswärtigen Politik nie aus dem Auge verloren haben, beweist die Tatsache, daß bei erster Gelegenheit die Plantagenets sich auf Sizilien warfen. Es geschah nach der Thronerledigung durch den Tod König Wilhelms II. (1189), als König Richard I. doch gewiß nicht aus spontaner Regung, sondern im Verfolg älterer, vom Vater ererbter Lieblingspläne seinen Kreuzzug benutzte, um sich in Messina festzusetzen und den Staat der Annexion durch den staufischen Gatten der letzten Erbin Constanze zu entreißen[1]. Hier war es zu spät. Heinrich VI. hatte alles schon zu fest in der Hand und war der überlegene Gegner. Aber diese Vorgänge interessieren hier nicht. Damals war die innere Organisation, um die es sich hier handelte, wesentlich schon abgeschlossen, und zu deren Verständnis genügt die Erkenntnis, daß man in dem Verhältnis von England und Sizilien die innere, konstitutionelle, und die äußere, machtpolitische Beziehung scharf zu sondern hat.

IV. Die Rüge-Inquisition in England und in Sizilien.

Unter solchen Umständen wird man heute auch das spezifische Thema dieser Untersuchung, das Rügeverfahren, die inquisitio von aufgebotenen und vereidigten Gemeindezeugen durch den königlichen Beamten, um in ihrer Rüge von schweren Verbrechen die Unterlage für ein **amtliches** Eingreifen des Königsrichters zu gegewinnen, mit ganz anderen, freieren Augen als früher auf seine Entstehung und sein Auftreten in den beiden normannischen Staaten prüfen. Die Prüfung findet — das ist der Gegensatz zu der tastenden Frage meiner Abhandlung von 1902 — heute von vornherein eine viel gesichertere Position vor, und ohne Be-

---

[1] Genaue Schilderung dieser Ereignisse findet sich bei A. Cartellieri, Philipp II. August von Frankreich Bd. II. 1906.

denken darf man nunmehr aussprechen: wenn nicht Umstände namhaft gemacht werden können, die die Annahme als etwas mit den Quellen Unvereinbares erscheinen lassen, muß auch die inquisitio in Deliktsfällen in Sizilien und England als Parallelprodukt normannischer Herkunft angesehen werden.

Freilich — das wurde schon hervorgehoben — die inquisitio bezeichnet innerhalb des gesamten normannischen Organisationswerkes den dunkelsten Punkt. Aber es ist wichtig, zu erkennen, daß die Dunkelheit über ihrer Entstehung nicht nur in Sizilien, sondern in gleicher Weise auch in England lagert.

Wer die verzweigten Quellenuntersuchungen Brunners über die Geschichte der inquisitio im fränkischen, altnormannischen und anglonormannischen Staat vor Augen hat, weiß, daß das Hauptbestreben seiner Schrift war, die inquisitio nicht als ein festgeregeltes Verfahren im Dienst eines bestimmten Zwecks zu erforschen, sondern sie im Gegenteil als eine elastische Rechtsform zu beleuchten, die für ganz verschiedene Zwecke verwertet werden kann und tatsächlich zu den verschiedensten Zeiten verwertet wird. Die einzigartige historische Leistung des Schriftstellers bestand gerade darin, daß er das Auge des Lesers zwang, sich auf den Querschnitt des Rechtslebens in seiner ganzen Breite zu richten und die wechselseitige Beeinflussung der verschiedenen Anwendungsformen zu erkennen. Bei solcher Betrachtungsweise war es zu verschmerzen, wenn zuzeiten die eine Inquisitionsform undeutlicher nachweisbar war als die andere. Gelang es nur die Lebenszähigkeit des Rechtsgedankens überhaupt zu erweisen, so mußte diese über die Lücken in der Kontinuität der einen oder anderen Einzelform hinweghelfen. Hierauf hatte Brunner selbst von vornherein sein Urteil über die Übergangszeit des Frühmittelalters gegründet. Lückenlos hatte er aus der karolingischen Zeit nur die **fiskalische inquisitio in Zivilsachen**, das Aufgebot und die Beeidigung von Gemeindezeugen im Prozeß über Eigentum des Königs, der Kirche und der Klöster, abgeleitet. Er selbst hat festgestellt, daß das Aufgebot von Rügezeugen zur Feststellung des Ver-

brechensgerüchts oder Verbrechensverdachts bis zur früh=
normannischen Zeit nur spärlich und unsicher verfolgbar ist.
Ganz dasselbe gilt aber in Wahrheit auch für das erste Jahr=
hundert der gemeinsamen normannisch=englischen Rechtskultur.
Auch für die Zeit von rund 1066—1166, von der Eroberung bis
zu Heinrichs II. großen Gesetzen, können auch die neuesten Forscher
wie Pollock und Maitland eben nur das Fortleben der
Inquisitionsform überhaupt konstatieren, nicht ihre Übung in
allen Anwendungsfällen, vor allem nicht in Strafsachen.
Wir wissen, daß nach wie vor die „inquesta" angeordet wird
über Königs= oder Kloster=Eigen, mit der Zeit anscheinend mit Vorliebe
darüber, ob gewisse Liegenschaften der königlichen Domäne oder der
Kirche gehören. Wir wissen, daß einzelne Fragen des öffentlichen
Rechts derselben Aufklärung unterstellt werden. So ist der große
Grundsteuer=Kataster des domesday-book mit Hilfe von Gemeinde=
zeugnissen erhoben worden, — so wird auch eine Frage der Polizei
gelegentlich auf diesem Wege klargestellt[1]. Wir dürfen vermuten,
daß Erhebungen über die Amtsführung der Bezirksbeamten in
gleicher Form angestellt wurden[2]. Aber das Rügezeugnis zur
Feststellung von Verbrechen ist — von ganz schattenhaften und
vieldeutigen Notizen abgesehen — nicht erweisbar[3].

So ist schon für England und Normandie nach dem heutigen
Stand dieses so vielfältig durchgesiebten Quellenmaterials der
organisatorische Akt der königlichen Gesetzgebung
zum Verständnis des plötzlichen Aufsteigens des Untersuchungs=

---

[1] Beispielsweise die Frage, ob der Abt von Sankt Augustin ein Schiff
auf See gehen lassen, als der König ins Ausland ging. (Pollock and
Maitland I p. 123.)

[2] Brunner, Schwurgerichte, S. 464 (Belege für England: Roger von
Hoveden, bei Stubbs II, 106, — für Normandie: très ancienne coutûme
de N., bei Warnkönig, französische Rechtsgeschichte II, 21).]

[3] Die einzige Spur gibt die schon erwähnte wichtige Pipe Roll, das pfeifen=
förmige Schatzregister von 1131 (o. S. 16 A. 1), das wiederholt von iuratores spricht,
ohne zu sagen, welche Funktion sie geübt haben. Maitland (I, 123) fügt vor=
sichtig hinzu: „We certainly cannot say that it was never used, but we
read very little about it". In der Tat ist jener Beweis ohne allen Wert

mittels nicht zu entbehren. Bereits die Verallgemeinerung der Inquesta in Zivilprozessen ist, wie von Brunner klargelegt und längst anerkannt, planmäßige Gesetzesschöpfung: Heinrich II. stellt auf dem Reichstag von Clarendon 1166 durch Verordnung, Assise, das Gemeindezeugnis auch den Untertanen für Besitzprozesse, Klage wegen nova disseisina zur Verfügung. Und in dasselbe Jahre 1166 fällt die allgemeine Sanktion der Verbrechens-Inquesta, — sie allerdings unter merkwürdigen Umständen, — Umständen, die bei näherer Betrachtung für den ganzen Gedanken des neuen Instituts und damit für die Geschichte des Inquisitionsprozesses im universellen Sinn, speziell aber auch für den Ausblick auf die sizilisch-normannische Inquisition von größter Bedeutung werden.

Die allgemeine Einführung des Rügezeugnisses für England hat ein Vorspiel gehabt, das sich in der Normandie und in England in gleicher Weise abgespielt hat und um so weniger einem Mißverständnis ausgesetzt ist, als es für die beiden Teile der Monarchie durch zwei voneinander unabhängig inhaltlich zusammenstimmende Zeugnisse sichergestellt wird. Für Normandie berichtet die Fortsetzungschronik des Robert von Torigny, König Heinrich II. habe zu Weihnachten 1159 bei einem Aufenthalte zu Falaise die Verfügung getroffen, „daß kein Dekan eine Person zur Anklage ziehen dürfe, ohne Zeugnis der gutbeleumdeten Gemeindegenossen des Orts[1]. Und im gleichen Sinne spricht für England der uns erhaltene Reichstagsbeschluß von Clarendon drei Jahre später (1164) aus[2]: im Bischofsgericht dürfen Laien nur durch bestimmte

---

[1] Continuatio Beccensis in Howletts Ausgabe des Robert von Torigny (Chronica de Torigneis in Chronicles of Stephen vol. IV) p. 327: „Rex Anglorum Henricus ad Natale domini (1159) fuit apud Falesiam et leges instituit, ut nullus decanus aliquam personam accusaret sine testimonio vicinorum circummanentium, qui bonae vitae fama laudabiles haberentur. (Pollock and Maitland I, p. 130.)

[2] Constitutio Clarend. c. 6. „Laici non debent accusari nisi per certos et legales accusatores et testes in praesentia episcopi. Et si qui tales fuerint qui culpantur, quod non velit vel non audeat aliquis eos accusare, vicecomes requisitus ab episcopo faciat iurare duodecim legales homines de vicineto seu de villa coram episcopo, quod inde veritatem

IV. Die Rüge-Inquisition in England und in Sizilien.

und gesetzmäßige Ankläger unter Anklage gestellt werden. Wenn aber Leute bezichtigt werden (culpantur), unter Umständen, wo niemand wünscht oder wagt sie anzuklagen, soll der Vizecomes auf Ersuchen des Bischofs (requisitus) zwölf gesetzmäßige Männer von Gemeinde oder Dorf vor dem Bischofe schwören lassen, daß sie nach ihrer Überzeugung die Wahrheit kund tun wollen. Erst an diese Vorgänge schließt sich dann jenes prinzipielle Reichsgesetz von Clarendon vom Jahre 1166 (S. 28) an[1], das die Grundlage des staatlichen Rügeverfahrens und auf diesem Weg in England der Keim zur Ausbildung der Anklagejury und dann auch weiterhin in Verbindung mit dem Gemeindezeugnis in Zivilsachen der Anstoß und das Vorbild für die Schaffung eines Gemeindezeugnisses über die Verbrechensschuld, einer Urteilsjury, geworden ist[1].

Die englischen Historiker finden nun den Teil der Geschichte, der der Assise von Clarendon vorausgeht, sehr dunkel[2]. Aber wenn man die Gesamtentwicklung der Formen, die vom Mittelalter zur modernen Offizialverfolgung des Verbrechens geführt haben, im Auge hat, so dürfte das Mysteriöse der Vorgänge nicht undurchdringlich sein. Es wird eben nur darauf ankommen, gerade an dieser Stelle das Verhältnis der alten Synodalrüge

secundum conscientiam suam manifestabunt." (Houard, anciennes lois II, 270 bei Brunner S. 466.)

[1] Die Hauptdaten der ferneren Entwicklung entnehme man aus meinem historischen Exkurs in meiner Schrift „Staatsanwalt und Privatkläger", 1891, S. 73 ff. Der Rechtszustand der beiden Assisen wird noch am Ende der Regierung Heinrichs II. durch den tractatus de legibus Angliae des (Großjustiziars Ranulph Glanvilla?), bald nach 1185, bestätigt: entweder Anklage mit Zweikampf oder Rüge mit folgendem Gottesurteil. Aber schon Glanvilla macht dem Richter zur Pflicht, nach der Rüge des Verbrechens sich (formlos) weiter zu informieren, ehe er zu dem (bereits anrüchigen) Ordal schreitet. Seit Richard I. (1189) bringt dann zunächst vereinzelt zum Zwecke der Überführung der Gerügten die zweite Inquisitions-Befragung der Gemeindezeugen, iurata patriae, ein. Seit Heinrich III. und vollständig bei Bracton, de legibus (bald nach 1256) ist das Gottesurteil allgemein durch die iurata abgelöst. Über die Verworrenheit des Übergangs neues Material bei Güterbock, Studien z. engl. St.Pr. 1914 S. 30.

[2] Maitland p. 131 „This part of the story must remain very obscure".

im geistlichen Gericht (oben S. 4) zu den neuen weltlichen Prozeduren einerseits, — andererseits den beginnenden Kampf der neuen, römisch-rechtlich beeinflußten Beweisformen gegen die überlieferten germanischen miteinander in Ausgleich zu setzen. Dann ergibt sich, welche Politik nach zwei Richtungen hin Heinrich II. mit seinen Neuerungen verfolgte. In erster Linie wandte er sich (im älteren Gesetz von Clarendon, dem des Jahres 1164) gegen Übergriffe der geistlichen Gerichte. Er beobachtete dort den Versuch der bischöflichen Richter, Laien vor ihrem Forum zur Verantwortung zu ziehen, sowohl ohne Anklage wie ohne Wahrung der alten Rügeform, und tritt diesem Versuch im Interesse der Untertanen entgegen, indem er — wesentlich im Einklang mit den aus Regino von Prüm bekannten Prinzipien des traditionellen Synodalverfahrens (oben S. 4) — das Erfordernis des Gemeindezeugnisses als Vorbedingung der Offizialverfolgung einschärft. Ob jene — im Sinne des Königs mißbräuchlichen — Versuche im historischen Konnex mit der alten Synodalinstitution selbst stehen[2] oder ob sie einfach neue Machtanmaßungen des

---

[1] Es soll inquiriert werden per duodecim legaliores homines de hundredo et per quatuor legales homines de qualibet villata (zunächst wegen Raub, Mord, Diebstahl, Hehlerei). Et hoc inquirant iusticiae coram se et vicecomites coram se" (Stubbs, sel. charters 143). Zehn Jahre später 1176 wird die Einrichtung auf dem Reichstag zu Northampton bestätigt und auf Brandstiftung und Einbruch erstreckt (Stubbs 150). In jedem Fall führt die Rüge zum Gottesurteil. (Clarendon a. 2: (rectatus) eat ad ivisiam aquae et iuret quod ipse non fuit robator.) Aber auch die Tatsachen, daß das Unterliegen beim Gottesurteil nicht die gewohnheitsrechtliche (Todes-) Strafe, sondern nur den Verlust des Fußes (seit 1176 der Hand) nach sich zog, daß sich die Rüge nur auf Verbrechen aus der Zeit nach der Krönung des Königs erstreckt, und daß die Verordnung vorläufig nur auf Widerruf gegeben wurde, beweisen, daß es sich um eine bewußte Neuerung handelte, die nicht schon durch Rechtsgewohnheit eingebürgert war und ausschließlich auf königlichem Amtsrecht beruhte.

[2] Beachte die Zweifel Maitlands p. 131: „the ecclesiastical judge ought not to proceed ex officio upon private suggestions. Henry seems to be forcing this rule upon reluctant prelates and at the same time to be averting that it is an ancient rule. From this we may perhaps infer that the synodal jury as described to us by Regino of Prüm had been known in Normandy — it may be in England also — but that of late

IV. Die Rüge-Inquisition in England und in Sizilien. 31

Klerus sind, kann uns in diesem Falle ganz gleichgültig sein. **Verständlich** sind sie ohne weiteres. Denn sie sind Erscheinungen, die sich konsequent aus einem bestimmten Punkt der Entwicklung ergeben mußten, wenn die Reminiszenzen an ein offizielles Rügeverfahren durch die neuen Beweisgrundsätze des römischen Rechts befruchtet wurden, die damals in Oberitalien, in der Provence, in Languedoc für den Zivilprozeß wie für den damit identischen strafrechtlichen Anklageprozeß bereits in vollem Eindringen begriffen waren[1]. Der König bekämpft jedenfalls mit geistlichen Machtprätensionen zugleich moderne Rechtsinstitutionen, die Verbrechensverfolgung auf Richter-Verdacht, und wahrt beiden gegenüber konservativ die germanischen Formen und die Tradition, daß nur „Gerücht", d. h. Gemeindeverdacht zur Verfolgung genüge. Aber andererseits benutzt man das neu Eingeschärfte im Dienst der staatlichen Strafrechtspflege, und so wächst aus der ursprünglich **einschränkenden** Tendenz seiner Maßregeln sofort die machterweiternde Tendenz, die Einführung einer **staatlichen Rüge-** und Offizialverfolgung heraus, die im Bereich der **königlichen** Verbrechensverfolgung bisher gefehlt. In dieser Weise dürfen wir uns ganz zwanglos die Gedankengänge erklären, die den Entschluß auslösten, das Gemeindezeugnis aus der fiskalisch-zivilprozessualen Sphäre in die strafprozessuale hinüber zu nehmen, denn eine solche Übertragung war ja bereits durch die Gleichheit der fiskalischen Interessen und der handhabenden Organe, der Justiziarien, innerlich nahe gelegt. Vielleicht nirgends deutlicher als hier tritt die Mittelstellung der plantagenetischen Reformen zwischen dem Alten und dem Allerneuesten hervor. Vollkommen klar wird sie erst, wenn man zum Vergleich die Entwicklung heranzog, die sich in jener Zeit in den oberitalienischen Städten

---

it had been thrust aside by a later procedure wich was less fair to the laity." Hat nicht doch an alledem **angelsächsische** Tradition einen Anteil?

[1] Über diese feineren, inneren, begrifflichen Umbildungen, vor allem über das begriffliche und prozeßtechnische Verhältnis des „Verdachts" zum „Gerücht" habe ich mich in meiner früheren Abhandlung so eingehend ausgesprochen, daß ich hierauf nur zu verweisen brauche. (Herkunft des Inquisitionsprozesses S. 94.)

bereits im Sinne jener „neuesten" Rechtsformen, der offiziellen Verbrechensverfolgung aus bloßem Verdacht des Richters, z. B. auf Grund der Aussage eines einzelnen Belastungszeugen, vollzog (u. S. 52). Aber vorläufig genügt es, sich die Situation aus der Erwägung klar zu machen, daß in England selbst, sowie im weltlichen Gericht das Rügezeugnis eingeführt war, die gleiche Gefahr des Mißbrauchs hervortreten mußte. Und sie ist hervorgetreten. Die Magna Charta beweist es, in der sich die Untertanen gegen die formlose Verfolgung der Königsbeamten wehren[1].

Hier ist denn nun der Standpunkt gewonnen, der einen genügend freien Umblick ermöglicht, um das Auftreten der inquisitio im sizilischen Reich nach Zeit und Motiven zu beurteilen.

Auch für dieses Stück der anglonormannischen Regierungsmaschine ist mindestens ein Seitenstück in Sizilien vorhanden. Aber, wie schon erwähnt (oben S. 18), fehlt der Nachweis für seine Aufnahme durch die normannischen Fürsten, Roger, Wilhelm I. oder Wilhelm II., und die spätere Verordnung Kaiser Friedrichs vom Jahre 1240 gibt uns den ersten Einblick in das Institut. So findet denn — äußerlich betrachtet — die alte Anschauung Bieners und Hinschius' (oben S. 11) fort und fort einen Rückhalt, wonach gerade diese Einrichtung nicht normannischen, sondern kanonischen Ursprungs wäre.

Man prüfe jedoch nunmehr — nach der sorgsamen Durchleuchtung der umgebenden verfassungsrechtlichen Atmosphäre — noch einmal das Gesetz des Kaisers[2].

---

[1] Kap. 38 der „concordia inter regem Johannem et Barones regni" v. 1215 (die später den Namen der Magna Charta erhielt): „Nullus ballivus ponet de cetero aliquem ad legem (d. h. zum Gottesurteil) simplici loquela sua, sine testibus fidelibus ad hoc inductis."

[2] Das Gesetz oder vielmehr die beiden zusammenhängenden Gesetze finden sich in der Ausgabe der Konstitutionen von Melfi, von Huillard-Bréholles, historia diplomatica Friderici secundi, Paris tom. IV, 1854, unter der Rubrik „novae constitutiones" p. 189 ff. Durch die Betonung der „Neuheit" sind sie als Nachträge charakterisiert. Die genauere Datierung

IV. Die Rüge-Inquisition in England und in Sizilien.

Fest steht vor allem, daß der Kaiser mit der Inquisition nichts Neues schafft, sondern etwas schon Vorhandenes verbessert. Denn er weist an, Mißbräuche abzustellen, die die Justiziare in ihrer bisherigen Praxis — ut assolent hactenus — haben einschleichen lassen. Die Einrichtung, die da bestätigt und revidiert wird, ist aber auch nicht eine vom Kaiser selbst früher eingeführte; denn die Konstitutionen von Melfi, zehn Jahre vorher, erwähnen sie bereits[1], und in den ersten Jahren seiner Regierung — zwischen 1215 und 1230 — hatte der Staufer bekanntlich, im Welfenkampf, Kreuzzug, Papststreit, überhaupt keine Zeit zu Neuorganisationen. Also besteht schlechterdings nur eine doppelte Alternative. Entweder Papst Innocenz III. hat sie, während er das sizilische Reich als Protektor in der Zeit von Friedrichs Minderjährigkeit regierte, eingeführt, oder sie war schon seit den normannischen

---

interessiert hier wenig. Da der Melfische Reichstag selbst ins Jahr 1231 fällt, so gehören sie im Zweifel den Jahren zwischen 1235 und 1250 an. Huillard-Bréholles verlegt sie in den Dezember 1241 oder Januar 1242.

Um die Übersicht über das interessante Gesetz in seinem Gesamtzusammenhang zu geben und daher die Darstellung des Textes nicht zu unliebsam zu unterbrechen, habe ich es in complexu am Ende dieses Aufsatzes (S. 70) nochmals abgedruckt. Im übrigen vgl. auch meine „Herkunft usw." S. 113. Eine eingehende Darlegung seines Inhalts gibt auch Zechbauer S. 186; sie weicht abgesehen von ihrer Breite von der meinen in nichts Wesentlichem ab.

[1] Die Stellen, an denen die Konstitutionen von Melfi eine „inquisitio" erwähnen, sind Const. I, 28 und II, 33 (Huillard, S. 29, 105). Sie sind von Zechbauer, S. 170, abgedruckt. Eine sichere Ausbeute gewähren sie jedoch nicht. Die erstere trifft den besonderen Fall, daß der unbekannte Täter eines Mord oder einer nächtlichen Schadenstiftung ermittelt werden soll (u. S. 69). Die andere verlangt, daß in Kapitalfällen zur inquisitio (d. h. hier Zeugenbeweis) geschritten werden soll, ehe man den Zweikampf gestattet.

Ein besseres Zeugnis dafür, daß die inquisitio schon früher vorhanden ist, bringt Zechbauer durch den Hinweis bei, daß König Friedrich schon in dem seiner Residenz Palermo erteilten Privileg vom Jahre 1233 (bei Huillard-Bréholles IV p. 454), also zwei Jahre nach den Melfischen Gesetzen, die Vergünstigung gewährt, daß der königliche Justiziar in der Stadt Palermo non nisi ad accusationem vel delationem alicuius, quem tangit negotium" — „ex consuetudine civitatis" urteilen soll, — „nec per modum inquisitionis generalis vel specialis".

Fürsten, und zwar seit den beiden Wilhelmen da. Ein Bedenken gegen die letztere Annahme besteht nicht, denn hier wird von Bedeutung, daß diese zwei Könige, wie wir wissen, in größerem Umfang gesetzgebend tätig gewesen sind (oben S. 19), daß wir aber von ihren Gesetzen nur die durchaus zufällige Auslese besitzen, die Kaiser Friedrich für gut befand, unverändert oder wenig verändert in seine Konstitutionen aufzunehmen.

Handelt es sich lediglich um diese Alternative, so wird man nach Rückschau auf die Entwicklung des normannisch-sizilischen Staates, wie sie im vorhergehenden zusammengefaßt worden ist, unwillkürlich der Vermutung einer Provenienz des Rüge= verfahrens von den älteren Königen den Vorzug geben. Wenn es nunmehr sicher ist, daß die sämtlichen wesentlichen Bestandteile des **anglonormannischen** Staatsbaues für den **sizilisch-normannischen** Staat sofort mit Bedacht und Plan und unter Verzicht auf irgendwelche nennenswerte Eigenart kopiert worden sind, so wäre es höchst unwahrscheinlich, fast unverständlich, wenn nicht auch gerade dieser besonders charakteristische Baustein bald, nachdem er von London oder Rouen her bekannt geworden, also bald nach den Clarendongesetzen von 1166, in die Verfassung eingefügt worden wäre. Es fragt sich also nur: sind der sizilischen inquisitio, so wie wir sie später kennen, alle die Grundsätze und Formen eigen, die wir an der englischen wahrnehmen, — sei es, daß Friedrich sie selbst noch anerkennt, sei es, daß wir sie aus seinen Änderungen rückwärts erschließen können.

Und diese Frage muß bejaht werden. Auch in Sizilien ist das Gerichtsverfahren, in das die inquisitio eingegliedert wird, ein Monopol der Justiziare, wie in England, aber auch **persönliche Pflicht** der Justiziare wie dort. Die Hofrichter sollen die Sitzungen per se ipsos, durch ihre judices (Beisitzer) und Notare abhalten, nicht durch andere untaugliche Unterkommissare, per alios simplices. Auch in Sizilien finden die „Sitzungen", „audientiae", nur zeitweise, periodisch, „per calendas"

IV. Die Rüge-Inquisition in England und in Sizilien.

statt¹, in einer discursio civitatum et locorum, in einem „circuitus" im englischen Sinne. Das Verfahren bildet also eine „Sitzungszeit", instantia faciendae inquisitionis, und diese hat präklusivischen Charakter. Wer **innerhalb** der Periode ein Delikt weder als Ankläger noch als Rügezeuge vor dem Hofrichter angebracht hat — veritatem non deposuit vel querelam, donec instantia faciendae inquisitionis duraverit" — kann wegen der **vor** jener Periode begangenen Delikte **überhaupt** nicht mehr gehört werden, — ut accusator, delator aut testis nullatenuus exaudiatur, — außer wenn er einen plausiblen Grund für seine Verhinderung im Termin vorbringt.

Und nun das Verfahren selbst. Es umschließt Entgegennahme von Privatanklagen wegen **eigener** Verletzung — querela super iniuriis suis — oder die depositio der mala fama, des schlechten Rufes, oder der mala conversatio, der schlechten Lebensweise mit Bezug auf Verbrechen oder Vergehen, crimen oder maleficium in provincia perpetratum. Die letzte Form, die Rüge, ist die eigentliche inquisitio generalis. Sie verlangt die Bezichtigung durch **zehn oder mehr** gutbeleumundete Zeugen, per decem aut plures, quos iusticiarii communi fama bonae opinionis invenerint. Erstreckt sich die Rüge auf ein **peinliches Verbrechen**, das Todesstrafe, Verstümmelung oder lebenslänglichen Kerker nach sich zieht, so ist zu unterscheiden, ob die Zeugen nicht nur die fama, das Gerücht des Verbrechens selbst, bestätigen, sondern außerdem auch den schlechten Lebenswandel — levis conversatio et vita, — dann werden dem Bezichtigten nur die **Namen** der Zeugen mitgeteilt, nicht ihre Aussagen und auch nicht speziell, welche Zeugen ihn belastet haben; kann er also nicht die einzelnen Zeugen wegen feindseliger Ge-

---

¹ Gerade das will der Kaiser geändert wissen — er verlangt ständige, fortlaufende (continua) discursio. Aber die discursio bleibt. Die Hofrichter sollen die Gerichtseingesessenen (besonders die Rügezeugen) nicht „ad remota loca vocare". Die hier amtierenden Richter heißen technisch die „iusticiarii regionum". Sie unterstehen den **zwei** „capitanei et magistri iusticiarii" und dem Großhofjustiziar des Reichs (u. S. 38 Anm. 2 und o. S. 27 Anm. 2.)

sinnung anfechten, so wird er glatt verurteilt; das Zeugnis der Zehn wirkt als Rüge und als Überführungs-, Schuldbeweis zugleich. Wird ein schlimmer Lebenswandel nicht bezeugt, so erfährt der Inquisit auch den Inhalt der inquisitio: „inquisitionis ei copia tribuatur"; es beginnt also — anscheinend, wie bei Anklage — ein Entlastungsbeweisverfahren[1].

Dieser ganze Schematismus deutet mit seinen festen, formalen Grundsätzen unmißverständlich auf die normannische Herkunft zurück. Zwar ist er nicht mehr so primitiv wie in England bei den Gesetzen Heinrichs II. Es fehlt vor allem die dort charakteristische, noch dem karolingischen Muster entstammende Rechtsfolge der Rüge, daß der Gerügte zum Gottesurteil, Eisenprobe oder Kesselfang, gezwungen wird. Aber ohne Gewaltsamkeit dürfen wir annehmen, daß dies in der ursprünglichen Form des Verfahrens in Sizilien ebenfalls zur Prozedur gehört hat; wissen wir ja aus dem Kompetenzgesetz für die Justiziarien und aus anderen Belegen (S. oben 21), daß zur Zeit der zwei Wilhelme die „leges paribiles", soviel wie anglonormannisch die „leges apparentes", — das sind eben die Ordalien — noch in Übung waren und bezeichnenderweise durch jenes Gesetz mit zu den Monopolen der Reichsrichter erklärt wurden, die auch die Rüge vornahmen. Es erklärt sich also einfach aus dem Ablauf der 50 Jahre bis zu Friedrich II., daß sie inzwischen aus dem Inquisitionsverfahren

---

[1] Abgesehen von diesen beiden Hauptanwendungen der inquisitio rechnet die Konstitution noch mit einer dritten, — der nämlich, daß von den Rügezeugen nicht schwere Verbrechen, sondern leichtere Delikte, aber aus dem Kreise des gewerbsmäßigen Verbrechertums, Gaunertums niederer Stufe, deponiert werden. (Glücksspiel, Schwindel usw.) Hier sollen die Justiziare ohne weiteren Beweis Zwangsmaßregeln polizeilichen Charakters, „deputatio ad publicum opus" und Überweisung an die Verwaltung der öffentlichen Arbeiten (magistri operis) aussprechen. Ich habe bereits früher (Herkunft S. 114) darauf hingewiesen, wie darin Maßregeln antizipiert werden, die fast genau so im Laufe des 16. Jahrhunderts im übrigen Europa (Flandern, England) zum Ausgangspunkt der Freiheitsstrafen werden. Näher ist darauf nicht einzugehen, denn erstens stehen sie damals außerhalb der Strafjustiz und ferner handelt es sich hier wohl zweifellos um Hinzufügungen Kaiser Friedrichs, die den älteren normannischen Bestimmungen gefehlt haben.

entfernt¹ und durch Belastungsbeweis der aufgebotenen Zeugen ersetzt worden sind, — das um so mehr, als während der gleichen Jahrzehnte — zwischen 1190 und 1250 — auch in England die Verdrängung der Gottesurteile durch die zweite Beweisführung der spätere Urteilszwang erweislich stattgefunden hat (oben S. 30 A. 1). Und dabei wird die Analogie auch hier um so schlagender, als im Laufe des 13. Jahrhunderts auch in England eine Tendenz wirksam war, diesen Schuldbeweis **freier**, als ein eigentliches **Verhör** der Gemeindezeugen in einzelnen Befragungen zu entwickeln, wie es in Sizilien geschieht. So sind die Modernisierungen der Formen normale Begleiterscheinungen der Übergangszeit, in der wir uns unter Friedrich II. befinden, vor allem des wachsenden Einflusses römischen Rechts². Selbst sie aber haben nicht beseitigen können, daß das Hauptkriterium des mittelalterlichen Gemeindezeugnisses auch in dieser Zeit noch fortbesteht, — die **fixierte Zahl der Rügezeugen**, — zwar nicht zwölf wie in England, aber **zehn** — ein Formalismus, der insbesondere der kanonischen inquisitio Innocenz' III. schon bei ihrem ersten Auftreten völlig fremd ist und den die sizilische nur aus **germanischen** Traditionen ausgebildet haben kann; ebenso wie die technische Bezeichnung des Gerügten als „notabilis", die dem anglonormannischen Terminus „rectatus" entspricht oder dem später üblich gewordenen des indictatus, von denen die gerügten und damit juryfähigen Delikte bis heute in England den Namen offensae indictabiles, indictable offences, behalten haben.

---

¹ Friedrich hat sie in den Konstit. von Melfi II, 3, aufgehoben, im Anschluß an das Verbot des Laterankonzils 1215 (c. 9 ne clerici III, 50, wie denn bekanntlich überall — auch in England — die Beseitigung des Ordals in erster Linie königlichem Einfluß entstammt. Vgl. Richard Schmidt, Staatsanwalt und Privatkläger 1891, S. 75 A. 2. Zechbauer S. 202.

² Im übrigen ist zu konstatieren, daß die Konstitution des Kaisers nicht das Material bietet, um uns das Zeugenverfahren sowohl bei der Rüge wie beim Schuldbeweis völlig deutlich vorzustellen, — ebenso wie wir für das englische Recht der Übergangszeit (Zeit Heinrichs II.) kein klares Bild dafür besitzen. Wie also Zechbauer dazu kommt, S. 188 das Verfahren genau zu schildern, ist nicht abzusehen.

Bedürfte es aber hiernach noch einer weiteren Bestätigung des normannischen Charakters der inquisitio Friedrichs II., so würde sie durch zwei Erscheinungen geliefert.

Einmal durch den Umstand, daß schon in der Zeit der normannischen Könige, obwohl damals — vor 1200 — die Rüge-Inquisition nicht nachweisbar ist, die andere Hauptanwendungsform der Gemeindezeugenbefragung urkundlich auftritt, — die fiskalische inquisitio des Zivilprozesses (S. 26). Es ist ein besonderes Verdienst Zechbauers, allerdings auch das einzig neue, was er zu meinen Erörterungen beigebracht hat, daß er diese Tatsache in die Kette der Indizien eingegliedert hat[1]. Ähnlich bedeutsam ist auch, daß die inquisitio als Rüge nicht nur zur Aufdeckung schwerer Verbrechen, sondern auch zur Visitation und Kontrolle der Dienstführung der königlichen Lokalbeamten verwendet wird, — auch daß eine Verzweigung eines und desselben Instituts zu verschiedenen Zwecken, die genau in der gleichen Weise im anglo-normannischen Staatswesen stattfindet (o. S. 27 A. 2)[2].

---

[1] Beleg ist eine Urkunde die von Brandileone (diritto romano etc. p. 45) beigebracht, von diesem aber als Geltung langobardischer Prozeßgrundsätze im sizilischen Reich gedacht wird. In der Urkunde sitzt Petracca als Vertreter des Königsgerichts (dum sederem in regia curia — castelli) im Kastell von Medunio (1158) zu Gericht in einem Rechtsstreit des Priors eines Klosters in Aversa mit dem Kastellan (catapanus) Blasio von Medunio um gewisse Vieh- und Ölbezugsrechte. Hierüber erhebt der Richter Beweis: „interrogavi — et conjuravi complures homines predicti castelli per sacramentum et fidem, quam do. regi debebant, ut, si scirent, quod aliquod tributum pars ipsius monasterii pro ipsis olivis parti publice dare solita fuisset, nobis dicerent". Zechbauer (S. 191) deutet das richtig auf Inquisitionsbeweis im karolingischen Sinn — wohl mit Recht so, daß er nicht seit langobardischer Zeit sich hier erhalten hat, sondern erst seit normannischer Zeit erneuert worden ist.

[2] Von Friedrich II. in novae constit. 1, 43, Huillard p. 182, geregelt: „Capitaneorum autem et magistrorum iustitiariorum officium tale erit: circuire provincias sibi decretas et in dies solennes curias in locis et terminis, prout eis melius videbitur expedire, cognoscere de magnis maleficiis etc. — querimonias etiam quae fient contra iustitiarios regionum, secretos camerae, castellanos, procuratores domaniorum nostrorum et alias officiales audiant et ex officio suo ipsorum excessus et negligentias puniant". Zu beachten, daß hier auch der charakteristische anglo-normannische Begriff des „circuire" gebraucht wird. — Vgl. Zechbauer S. 185.

Noch wichtiger aber ist, daß das Gesetz Friedrichs II. trotz seines überarbeiteten und den neueren Verhältnissen angepaßten Inhalts einen anderen Berührungspunkt mit der englischen Entwicklung festgehalten hat, — die Auskunft über das **gesetzgeberische Motiv** der ursprünglichen Einführung des Rügeverfahrens. Hierin dürfte die hauptsächliche Bereicherung liegen, die die vorhergehende Analyse des anglonormannischen Rechtszustands für das Verständnis des sizilischen Gesetzes bietet, zugleich deshalb auch die bedeutsamste Ergänzung, die das von mir in meiner früheren Abhandlung entworfene Bild der Gesamtentwicklung durch diese Überprüfung des Materials erfährt. Wie vorhin (o. S. 31) ausgeführt, wird der Entschluß Heinrichs Plantagenet, die ganze Materie der Verbrechensverfolgung von Amtswegen in ihren prozessualen Bedingungen zu ordnen, dadurch hervorgerufen, daß er zunächst für nötig hielt, die nach seiner Anschauung übermäßig erleichterte, **laxe Form der Offizialverfolgung im geistlichen Gericht** zurückzudämmen. Wir erkannten, daß seine Maßregel sich nach zwei Fronten wendet. In erster Linie will er die **formlose Heranziehung** eines Bürgers durch den Bischof, weiterhin auch durch den Staatsbeamten, den bailiff (oben S. 32 A. 1), lediglich auf der Unterlage **eines Belastungszeugen** oder einer angeblich privaten Kenntnis des Richters **verhindern**. Erst mittelbar und sekundär wirkt sein neues Verfahren als **Verschärfung** der staatlichen Verfolgung, nämlich im Vergleich zur **Anklage des Verletzten oder eines anderen**. Genau derselbe Gedankengang aber beherrscht auch das Gesetz Friedrichs II. und hat seinen präsumtiven normannischen Vorgänger geleitet. Das bezeugen die Schlußworte des Kaisers:

„De specialibus autem Causis et ad singularium delationes minime procedatur, preterquam in crimine laesae maiestatis contra personam nostram vel nostrorum collateralium perpetrato vel nisi speciale Concientie nostre mandatum super inquisitione facienda procederit."

Diese Äußerung ist nicht nach allen ihren Seiten hin ohne

weiteres verständlich¹. Aber soviel geht ohne Zweideutigkeit hervor, daß der Justiziar im Zweifel nicht ermächtigt sein soll, anknüpfend an eine „Einzelanzeige", singularis delatio seine offizielle Verfolgung zu verhängen, und das entspricht durchaus den Prinzipien des englischen Königsrechts.

Hält man sich diese Situation in ihrer Gesamtheit klar, so wird die normannische Herkunft der sizilischen inquisitio und insbesondere der Gesetze Kaiser Friedrichs, ihre Unabhängigkeit von ihren kanonischen Zeitgenossen, durch unmittelbare Anschauung evident. Man kann deshalb der Bemerkung, die Kohler in dem bringlich empfehlenden „Geleitwort" der Abhandlung Zechbauers über meine eigene Untersuchung der Herkunft des Inquisitionsprozesses einfließen läßt², objektiv durchaus zustimmen: „Daß die inquisitio generalis des unteritalienischen Rechtes nichts anderes ist als das Rügeverfahren des fränkisch-normannischen Rechtes, war ja an sich klar und bedurfte keiner besonderen wissenschaftlichen Konzeption"². Immerhin — mochte auch diese Einsicht dem Geiste eines so besonders universellen Gelehrten wie Kohler längst ahnend aufgegangen sein, — ausgesprochen, formuliert, anschaulich gemacht war die Genealogie der friderizianischen Konstitution bisher jedenfalls noch nicht. Noch die deutschen und italienischen Schriftsteller, die nach dem Erscheinen von Brunners

---

¹ Auf die weitere Bedeutung, besonders des Ausdruckes „inquisitio in specialibus Causis" wird später zurückzukommen sein, besonders im Hinblick auf irreleitende Interpretationen Zechbauers (S. 198). Auszuschalten ist hier besonders der ganz exzeptionelle Fall, wo ein Gemeindezeugnis erhoben wird, um zu einem bekannten Einzeldelikt den unbekannten Täter festzustellen, vgl. u. S. 66. — Ebenso kann die Möglichkeit, durch ein Spezialmandat des Königs die rechtliche Grundlage für die Inquisition auch in solchen Fällen zu schaffen, auf die die Stelle am Schlusse hindeutete, erst im Rahmen späterer Untersuchung recht gewürdigt werden.

² Daß sich diese Äußerung auf mich beziehen soll, wird durch den Zusammenhang offenbar, da Kohler unmittelbar darauf ebenfalls ohne Nennung eines Namens in gleich geringschätzendem Ton gegen die Hypothese einer Abhängigkeit der kanonischen Inquisition von der normannisch-sizilischen polemisiert, — übrigens an einem Punkte, wo diese Behauptung gar nicht von mir aufgestellt worden ist. (Vgl. u. S. 63.)

IV. Die Rüge-Inquisition in England und in Sizilien.

erleuchtenden Entdeckungen (1871) zu der sizilischen Inquisition Stellung genommen haben; v. Brünneck (1881), Brandileone (1884) hatten diese Eventualität gar nicht in Rechnung gezogen[1]. Selbst der treffliche Historiograph König Rogers II., Erich Caspar (1904), war nicht einmal im allgemeinen den Zusammenhängen zwischen der anglo-normannischen und der sizilischen Rechtsverfassung nachgegangen und Hans Niese glaubte es Ernst Mayer und sich selbst noch 1910 zu einem besonderen Verdienst anrechnen zu dürfen, daß er der byzantinischen Ableitung der Verfassung des Regnum gegenüber die normannische betonte, wobei übrigens speziell die inquisitio wieder gar nicht zu ihrem Recht kam. Unter solchen Umständen war es vor zehn Jahren noch keine Binsenwahrheit, auf die normannische Herkunft des süditalienisch-weltlichen Inquisitionsprozesses hinzuweisen, und es ist das auch heute noch nicht. Denn wenn auch heute die sehr große Mehrzahl unserer Gelehrten in diesem Teil die Akten der wissenschaftlichen Untersuchung als geschlossen ansieht[2], — vereinzelte Stimmen haben sich auch in der letzten Zeit noch gegen die Erschütterung der alteingebürgerten und liebgewordenen Vorstellung vom „kanonischen" Inquisitionsprozeß gewehrt[3].

---

[1] Brandileone, il diritto Romano etc. 1884 p. 65 ff. wirft die Frage auf, ob die kanonische oder die sizilische Inquisition die frühere sei, aber lediglich in dem Sinn der Alternative, ob die sizilischen Formen aus dem kanonischen Recht oder aus dem römischen Recht geschöpft sei: „un gran quistionare —. se le Decretali pontificie se leggi fridericiane siano state le prime a riprodurlo — e in ultimo se le Costituzione nostre l'abbano tolto al diritto romano o al diritto delle Decretali (S. 65). Das eine ist in der rechtsgeschichtlichen Literatur des neuen Italien die Meinung von Pessina (elementi di diritto penale I, 47), für die römische Abkunft votiert Sclopis, storia della legislazione italiana vol. I p. 234. Brandileone nimmt vermittelnd bei Kaiser Friedrich einen Einfluß von beiden Seiten an. Aber die Idee einer altnormannischen Provenienz taucht gar nicht auf. — Ebenso steht es bei v. Brünneck, Siziliens mittelalterliche Stadtrechte, S. 324.

[2] Friedberg, Lehrbuch des Kirchenrechts 6. Aufl. 1909 S. 335 Anm. 8; Rosenfeld, Lehrbuch des Strafprozeßrechts, 4. u. 5. Aufl. 1912 S. 12 a. c. Kantorowicz in der oben (S. 9 A. 3) genannten Rezension Zechbauers.

[3] Solche Ausnahme macht besonders eine Äußerung von Voltelini in der Anzeige meiner Schrift in der Zeitschrift der Savigny-Stiftung für

Kohlers geringschätzende Zustimmung wird sich also gefallen lassen müssen, nach dem Muster der bekannten Affäre des Kolumbuseies beurteilt zu werden. Immerhin ist auch sie nicht ohne Wert, als Symptom dafür, wie wenig ernstliche Aussicht auf Erfolg heute noch ein Widerspruch gegen den anglonormannischen Stammbaum der friderizianischen Inquisition zu gewärtigen hat.

V. Die inquisitio Innocenz' III.

Mit der endgültigen Klärung der sizilischen Inquisitionsformen wird für die meisten das Interesse an der Frage nach dem Verhältnis zwischen sizilischer und kanonischer Inquisition befriedigt sein. Es genügt festzustellen, daß im ganzen Italien südwärts der Apenninen die offizielle Verbrechensverfolgung frühzeitiger als eine Schöpfung des weltlichen, staatlichen Rechts ausgebildet war, denn als Einrichtung des geistlichen, kirchlichen, und daß die sizilische Monarchie, die schon 1850 Jacob Burkhard als die erste Verkörperung des modernen Staatstypus, des fürstlich-bureaukratischen Territorialstaats, erkennen gelehrt hat, auch die besonders wichtige Funktion der Verbrecherverfolgung in derselben Weise wie andere moderne Staatsaufgaben zuerst auf dem Festland mit Bewußtsein an sich gezogen hat, — an und für sich ein Ergebnis, das gar nicht verwunderlich ist und nur der innern Konsequenz der allgemeinen Entwicklung entspricht.

Rechtsgeschichte, Band XXV. German. Abt. S. 348, 1905. Er begnügt sich mit dem Satz, daß eine normannische Herkunft der inquisitio nicht zugegeben werden könne, da diese vielmehr aus der kanonischen Tradition der Verfolgung wegen infamia abzuleiten sei. Jeder Unbefangene wird zugeben, daß ein „sic volo sic jubeo" keine wissenschaftliche Kritik einer sorgfältig ausgeführten und mit Beweisen gestützten Hypothese bedeutet, — noch weniger einen Gegenbeweis. Im übrigen verdunkelt sie die Forderung)der zwei von mir gerade scharf geschiedenen Hauptfragen (u. S. 43). Eine zweite Ausnahme bildet — ebenfalls ohne Begründung und unter Ignorierung der normannischen Genesis überhaupt — Binding, Grundriß des Strafprozeßrechts, Aufl. 1907 S. 7 und Entstehung der öffentlichen Strafe, 1909 S. 40. Güterbock, Studien z. engl. Strafpr. 1914 S. 27 will gar das englische Rügeverfahren als Nachahmung der inquisitio des Innocenz ansehen!!

V. Die inquisitio Innocenz' III.

Im Vergleich mit diesen Tatsachen kann die weitere Frage, ob der kanonische Inquisitionsprozeß der Papstgesetze (o. S. 11), wie er dem sizilischen zeitlich nachfolgt, so auch schöpferisch von ihm beeinflußt ist, nur eine sekundäre Bedeutung beanspruchen. Sie wird sich auch — so wie die Sache liegt — nicht glatt beantworten lassen, und so wenig meine ältere Prüfung des Problems diesen Nachweis zu führen unternehmen konnte, so wenig kann das im Rahmen dieser Nachprüfung versucht werden. Von vornherein fest steht ja doch, daß der Gedanke einer amtlichen Verbrechensverfolgung im Fall des Gerüchts der Tat in der geistlichen Strafrechtspflege ganz genau ebenso seit dem frühen Mittelalter ausgebildet war, wie seit der Karolingerzeit im weltlichen Strafprozeß. Unter allen Umständen konnte es sich also, soweit die gesetzgeberische Idee in Frage kam, hier wie dort ausschließlich um eine Neubelebung handeln; — ja, gerade die Ergänzungen des Hergangs, die die vorstehenden Erörterungen geliefert haben, geben nur einen weiteren Beleg dafür, daß seine Gedanken speziell im Prozeß vor den geistlichen Richtern nicht erloschen waren. Von ihnen empfing, wie wir sahen (o. S. 31), Heinrich Plantagenet den unmittelbaren Anstoß, auch die staatliche Fürsorge diesen Erscheinungen wieder zuzuwenden. Vielleicht wird denn auch eine Durchforschung der kanonischen Quellen, insbesondere der für England und Normandie bedeutsamen nordwest-französischen, noch einmal urkundliche Zeugnisse zutage fördern, die direkt, nicht nur indirekt aus den Gesetzesakten des englischen Königs, ein Fortleben des Synodalverfahrens des Bischofs oder seines Stellvertreters wegen mala fama bestätigen. Das wäre zu begrüßen. An dem Gesamtbild ändern könnte es nichts.

Aber etwas anderes ist es mit dem Fortleben einer Rechtsidee, etwas anderes mit ihrer Formulierung und technisch-gesetzlichen Ausprägung. Käme es der Rechtsgeschichte nur darauf an, den Gang gewisser Rechtsgedanken zu verfolgen, — wo bliebe dann überhaupt in diesen wie anderen Dingen der abendländischen

Welt des Mittelalters noch ein schöpferisches Verdienst? Darüber kann ja kein Zweifel bestehen — und es wird immerhin gut sein, im Vorbeigehen wieder einmal daran zu erinnern —, daß der Gedanke der staatlichen Offizialverfolgung von Verbrechen, ja der Name selbst — „inquisitio" — vom römischen Staat auf den karolingischen Staat und die westliche Kirche zugleich vererbt worden war. Unter diesem Gesichtspunkt würde also beiden gesetzgebenden Mächten der christlichen Welt Westeuropas eine Originalität abzusprechen sein. Vielmehr muß man sich eben hier dessen bewußt sein, was selbst der Jurist häufig, auch bei der Erörterung moderner Gesetzesfragen nur zu häufig vergißt, daß das Finden der praktischen Formen und vor allem der Grenzen für die Betätigung eines Rechtsprinzips im realen Leben die eigentliche Hauptleistung ausmacht. Und sieht man hierauf, prüft man unter diesem Gesichtspunkt den Gehalt der Gesetze Innocenz' III., so wird man insoweit den Einfluß des weltlichen Vorbilds in Palermo und Neapel auf die neueinsetzende Zentral=
gewalt der Kirche nicht unterschätzen dürfen. Es handelt sich mit einem Wort um die Formulierung der Voraussetzung der inquisitio, der mala fama. Zwar ist auch in der der innozen=
tinischen Reform unmittelbar vorausgehenden Entwicklungsphase des kanonischen Rechts eine gewisse Reminiszenz an diese Be=
deutung der mala fama sicher vorhanden. Erwin Jacobi hat sich neuestens das Verdienst erworben, den Straf= und Bußprozeß des Decretum Gratiani und seiner Erläuterer, der Dekretisten, des Paucapalea und Roland Bandinelli, des Magister Rufinus und des Stephan von Tournay systematisch zur Darstellung zu bringen und in die Erinnerung zu rufen, welche Rolle in diesem Ver=
fahren der Epoche Papst Alexanders III. die mala fama insofern spielt, als der durch Gerücht eines Verbrechens bezichtigte Kleriker ein für allemal genötigt ist, sich dem Reinigungseid, der purgatio canonica zu unterwerfen, auch wenn der Ankläger gegen ihn keine Belastungsbeweise hat beibringen können[1]. Aber gerade

---

[1] Jacobi, Der Papst im Decretum Gratiani und bei den ältesten

dieser Satz zeigt das Rudimentäre in der spezifisch kanonischen Tradition. Eine bloße Kodifikation eines in Italien weitverbreiteten Gebrauchs nahm also Innocenz III., soweit wir bis jetzt urteilen können, nicht vor, wenn er seine Prinzipien in den Gesetzen vom Mai und Dezember 1199 formulierte, wenn er dem von ihm bestätigten Erzbischof von Sens das Recht zubilligt: „officio tuo, fama publica deferente, plenius inquirere veritatem, licet contra eum (haereticum) nullus accusator legitimus appareret" oder sich selbst als oberster Richter das Recht beilegt: „frequentibus clamoribus excitati, ex officio nostro inquirere de praemissis." Die Form des Rechtsgedankens war also neu, und da läßt sich die Vermutung nicht unterdrücken, ob zu dem Hervorbrechen des gesetzgeberischen Impulses die fest eingewurzelte Übung im benachbarten sizilischen Reiche, dem er damals persönlich weiterhin Fürsorge zuwandte, in welchem er selbst als Regent oft lange verweilte, nicht notwendig mitgewirkt haben muß. Wer sich die Psychogenese des gesetzgeberischen Aktes vergegenwärtigt, kann — falls die oben durchlaufene Argumentation uns zu richtigen Ergebnissen geführt hat, — diese Eventualität kaum abweisen. Nicht die, aber eine Bedingung für die maßgebenden Dekretalen muß die normannisch-sizilische Rügejury unvermeidlich gewesen sein.

Und dabei wird uns auch für die Beleuchtung der kanonischen Reform aus der bisherigen Gesamtbetrachtung ein wichtiges neues Moment gewonnen. Müssen wir es nach den Verordnungen Heinrichs II. als bewiesen ansehen, daß vor allem in Nordwestfrankreich geistliche Richter vorhanden waren, die es versuchten, Laien auf Grund bloßer Denunziation oder eines Einzelzeugnisses formlos vor ihr Forum zu ziehen, so enthielten innerhalb der geistlichen Straf-

---

Dekretisten, Zeitschr. der Savigny-Stiftung 34. kanon. Abt. S. 223 ff. (1913), bes. S. 294 ff. Vor allem das Prinzip des Gratian selbst: „cum autem populari infamia sacerdotes obprimuntur, tunc ad innocentiae suae assertionem iuramenta debent offerre". Vgl. auch Rich. Schmidt, Herkunft, S. 85, A. 1.

rechtspflege auch Innocenz' neue Gesetze dieselbe Ablehnung solches weitergehenden Gebrauchs oder Mißbrauchs der Offizialverfolgung. Auch die Reform des Papstes erscheint dann in jenem doppelten Licht wie die Reform der Plantagenets oder der sizilischen Könige, daß sie einerseits die Verfolgung der Verbrechen über die Privatanklage hinaus einschärfte, daß sie aber doch nicht nur diese letztere Funktion übte, in der wir sie von altersher allein zu betrachten gewohnt gewesen sind, sondern gleichzeitig die Offizialverfolgung in gewisse formelle Grenzen — auf den Fall des Gerüchts — einschränkte, mochte dies Gerücht durch Befragung der Gemeinde, des populus, vom geistlichen Richter erst provoziert werden, wie im Fall des ketzerischen Diakons von Sens, — mochte es der Richter, wie im Fall des simonistischen Abtes der Romagna an sich herankommen lassen. Hier kann es vor allem nicht ohne Bedeutung sein, daß der allererste entscheidende Prozeß, an welchem sich der Papst zu dem neuem Prinzip bekennt, eben in Nordfrankreich spielt, — der Machtsphäre der Plantagenets, der angiovinischen Beherrscher des anglonormannischen Staates, dicht benachbart. Geht jetzt der Papst genau in den Bahnen des Gedankenganges wie einerseits der anglonormannische König, wie andererseits der sizilische Monarch, so ist eine Orientierung seiner Gesetzespolitik nach sizilischem Muster, sei es auch nur einer innern, uneingestandenen, nicht abzuweisen[1].

Freilich, so unnatürlich es wäre, alle und jede Abhängigkeit des päpstlichen vom königlichen Recht leugnen zu wollen, — eine völlige Abhängigkeit kann ebenfalls nicht zu-

---

[1] Andere auffallende Parallelen kommen hinzu, so vor allem, daß auch Innocenz III. die inquisitio nicht nur zur Aufdeckung und Verfolgung von Verbrechen, sondern auch wie die anglonormannischen und die sizilischen Könige, zur Visitation der Beamten, insbesondere zur Revision aller Verhältnisse, bez. Schäden einer bestimmten geistlichen Korporation, eines Stifts, eines Klosters, verwendet. Es ist dies der Fall der später auch als inquisitio generalis bezeichneten „inquisitio tam in capite quam in membris", z. B. c. 17 X de accus. V, 1, c. 22 X de sent. et re iudic. II 27; Biener S. 53, Zechbauer S. 209.

gegeben werden, — auch wenn speziell die Seite der Formulierung der Regeln ins Auge gefaßt wird.

Einmal darf nicht übersehen werden, daß der Papst von dem Tatbestand der mala fama, die zur inquisitio das Recht gibt, eine andere Vorstellung hat als das normannische Recht. Im Königsrecht ist noch ebenso wie in dem karolingischen Verfahren die mala fama fest verkörpert in der Aussage der Rügezeugen aus der Gemeinde; kurz: in der Rüge im konkreten Sinn. Wir sahen schon, bei Friedrich II. hat sich der Formalismus des Vorgangs schon einigermaßen zu verflüchtigen begonnen — aber im Prinzip besteht er auch hier — wie um 1180 — noch fort. Innocenz III. operiert mit einem abstrakteren Begriff der fama. Ihm ist sie nicht so sehr der formell-prozessuale, sondern der soziale Vorgang, das wenn auch formlose Gerede, die öffentliche Meinung, die den Prälaten eines Verbrechens bezichtigt, das „scandalum". Das tritt gerade in dem Beschluß des Laterankonzils, von dem er 1215 seine ältere Praxis bestätigen läßt, recht deutlich hervor[1]. Der praktische Kern liegt in der Konsequenz, daß auch das außerhalb des Gerichts sich bildende Gerücht, wenn es durch Zeugen dem geistlichen Richter zugetragen wird, zur inquisitio befugt. Und mit Bezug auf das bisher Erörterte ist diese feinere Unterscheidung nicht nur um deswillen von Wichtigkeit, weil sie beweist, daß die kanonische inquisitio wegen fama eine gewisse Eigenart gegenüber der königsrechtlichen besitzt, sondern weil erst hieraus vollständig bewiesen wird, daß die Konstitution Friedrichs II. nicht aus dem kanonischen Recht ent-

---

[1] Cap. qualiter et quando (24) X de accus 5, 1: „Ex quibus auctoritatibus manifeste probatur, quod non solum quum subditus, verum etiam quum 'praelatus excedit, si per clamorem et famam ad aures superioris pervenerit, — debet coram ecclesiae senioribus veritatem diligentius perscrutari, ut, si rei poposcerit qualitas, canonica districtio culpam faciat delinquentis, non tamquam idem sit accusator et iudex, sed quasi denunciante fama vel deferente clamore officii sui debitum exsequatur. — Sed quum super excessibus suis quisquam fuerit infamatus, ita ut iam clamor ascendat, qui diutius sine scandalo dissimulari non possit.

lehnt sein kann, weil sie also negativ beweist, daß die friderizianische Rüge nur die Fortsetzung der altnormannischen sein kann (oben S. 36).

Ja, man könnte sogar auf den ersten Blick glauben, daß an dieser Stelle ein ganz neues Problem einsetzt, — anscheinend nur die Weiterführung des Gedankens, daß der kanonische Inquisitionsprozeß, im Prinzip mit dem sizilischen gleichbedeutend, in der praktischen Ausdehnung des Prinzips die Tendenz hat, weiterzugehen als das Königsrecht mit seinem karolingischen Konservatismus.

Es ist Zechbauer, der — nachdem er sich in allen bisher entwickelten Argumentationen ganz und gar meiner Darstellung anbequemt hat — an dem Punkt, den unsere Darstellung hier erreicht hat, eine neue Konstruktion des wechselseitigen Einflusses vom kanonischen und sizilischen Recht einzuführen sucht[1]. Er stellt die These auf, daß die Päpste ihrerseits über das altkarolingische, im anglonormannischen und sizilisch-normannischen Staat erneuerte Schema der Gerüchtverfolgung und Rüge von Gemeindezeugen gerade in entscheidender Weise hinausgegangen, es durchbrochen hätten, und in dieser schöpferischen Tat sie die eigentlich originellen Gesetzgeber geworden sein, denen sich auch die sizilische Gesetzgebung allmählich untergeordnet hätte. Das sei die Schaffung der „specialis inquisitio" der amtlichen Untersuchung und Verfolgung bestimmter einzelner Verbrechen gewesen, d. h. das Stück des Inquisitionsprozesses, das ihm erst seinen modernen Charakter gegeben und zum Vorbild für die Strafrechtspflege der neuen Nationen gemacht hatte. Hierin aber ist Zechbauer nicht allein vorgegangen. Vielmehr hat inspirierend hier von Anfang an Kohler gestanden, der in der schon erwähnten anpreisenden Vorrede zu der Schrift seines Schülers diese neue Entdeckung mit Schärfe gegen meine „ganz haltlose Idee" von einem vorwaltenden Einfluß des normannischen Rechtes introduziert.

---

[1] Zechbauer, Strafrecht Siziliens, S. 206.

Das wäre ja denn wirklich etwas Neues, — wenn es richtig wäre. Aber gerade diese Hypothese, das einzige, was Zechbauer Eigenartiges zu meinen früheren Forschungen hinzufügt, ist verunglückt. Denn sie vindiziert dem Papst als besonderes Verdienst das, was nicht er — allerdings auch nicht die Gesetzgebung der sizilischen Normannen, geschaffen hat, sondern was längst vorher die dritte Kulturmacht Italiens geschaffen hatte, — die Gesetzgebung der lombardischen Städte. Auch auf deren Wirksamkeit muß deshalb, obwohl ich auch das bereits früher dargelegt und mit allen nur irgendwie erforderlichen Beweisen unterstützt hatte, noch einmal kurz eingegangen werden.

VI. Der formfreie Inquisitionsprozeß der oberitalienischen Städte.

Um den prinzipiellen Gegensatz, der uns beim Vergleich des eben geschilderten königs- und papstrechtlichen Inquisitionsprozesses mit der stadtrechtlichen Inquisitio Italiens gleich bei Beginn entgegentritt, recht zu verstehen, wird man gut tun, eine allgemeine Rückerinnerung an die natürlichen Verhältnisse voranzustellen, aus denen ein Strafprozeß hervorgeht.

Jeder Praktiker weiß, daß heutzutage das, was typisch den Anstoß zu einer strafgerichtlichen Untersuchung — diesen Begriff im allerweitesten Sinn genommen — zu geben pflegt, die Anzeige, die Denunziation ist, und zwar in der Weise, daß die Denunziation zugleich als Belastungszeugnis und erstes Verdachtsmoment wirkt. Vom Standpunkt einer Strafrechtspflege, die, wie in jedem ausgebildeten Staat, die offizielle Fürsorge des Beamten zu ihrem Hauptgrundsatz macht, ist es diese Verschmelzung von erstem Anstoß und erstem Untersuchungsstoff, was der Strafanzeige ihre Bedeutung gibt, und es ist dabei ganz gleichgültig, ob der Denunziant, der durchs Verbrechen unmittelbar Verletzte oder ein Dritter, speziell ein

Beamter, ob er ein Augenzeuge oder ein Zeuge vom Hörensagen ist. Tatsächlich bildet in rund 90 Prozent aller Strafprozesse dieser Tatbestand den Ausgang des weiteren Verfahrens; nur in acht Prozent höchstens werden Delikte oder deliktsverdächtige Vorfälle unbekannten Täters — wiederum von Privaten oder von Beamten — gemeldet, und nur ganz vereinzelt sind die Fälle, in denen die zuerst verantwortliche und entschließungsberechtigte Behörde, die Staatsanwaltschaft oder der Amtsrichter des Provinzialgerichts, den Anstoß durch zufälliges eigenes Privaterlebnis oder durch die ihm zugetragne öffentliche Meinung, das Gerücht, erhält. Diese Gestaltungsweise ist über Raum und Zeit erhaben, nnd vor allem war sie genau so, wie sie heute noch gilt, auch der Ausgangspunkt für den ehemaligen Inquisitionsprozeß. Die tiefgehenden Antagonismen, die im übrigen die absolutistischen und die moderne konstitutionalistische Grundform des Strafverfahrens trennen, schweigen in diesem Punkte. Man braucht sich nur an Stelle des Staatsanwaltes oder Amtsrichters den alten Untersuchungsrichter, den richterlichen Gehilfen des Chefs des jeweiligen Lokalverwaltungsbezirks, zu denken, und man erhält das gleiche Bild. Jener Unterschied der Gerichtsverfassung also bedeutet für diese Frage nur einen Unterschied des Namens.

Man muß sich dies klarmachen, um einen Maßstab für die Erkenntnis zu gewinnen, daß gegen früher die geistliche wie die königsrechtliche Form der inquisitio aus Gerücht eben doch einen beschränkten Fortschritt bedeuteten. Man wird natürlich nicht verkennen, daß das Gerücht, die Zeugenrüge der Gemeindeaufgebotenen, damals eine größere Bedeutung hatte als heutzutage, — nämlich wegen der einfachen Lebensverhältnisse und der dünneren Bevölkerung, in der einer großen Zahl von Gemeindegenossen schwere Verbrechen leichter bekannt sein konnten, als in komplizierteren Gesellschaftszuständen möglich ist. Aber gerade diese günstigen Vorbedingungen für die Verwertbarkeit und Wirksamkeit der inquisitio im Sinne der Gemeinderüge mußten sozusagen von Jahr zu Jahr mehr schwinden, und von

VI. Der formfreie Inquisitionsprozeß der oberitalienischen Städte.

den sich verschiebenden, modernisierenden Bedürfnissen aus betrachtet, war demgemäß die Ausbildung und Neubelebung der karolingischen und synodalen Inquisition, dort durch Heinrich II. und die sizilischen Könige, hier durch Innocenz III., doch nur eine Stufe auf dem Wege zu einem vollausgebildeten Verfahren der staatlichen Verbrechensverfolgung. Der entscheidende Schritt wurde erst dann getan, wenn man den Justizbeamten ermächtigte, nicht nur das Gerücht, im Ausspruch des Gemeindeausschusses formalisiert, oder das abstrakte Scandalum der Innocentinischen Dekretalen zur Handhabe seines Einschreitens zu machen, sondern jeden Belastungsbeweis, konkret gesprochen jede Anzeige mit Belastungszeugnis. Hier — nicht schon bei einem irgendwelchen Offizialeinschreiten — liegt vom Standpunkt der Universalgeschichte des modernen Strafprozesses die eigentliche Hauptfrage dieser Kette von Forschungen.

Die angestellten Erwägungen sind bereits zu dem Zwecke gut, um gewisse Episoden in den bisher geschilderten gesetzgeberischen Bewegungen des Königsrechts und des kanonischen Prozesses in ihr rechtes Licht zu setzen. Man sieht nun, daß Keime dieser Zukunftsideen sich schon mitten unter den Anfängen des wiederbelebten Rügeverfahrens oder des Verfahrens auf mala fama regen. Sie liegen in den von Heinrich Plantagenet bekämpften Versuchen der geistlichen Oberen, verdächtige Übeltäter auf formlose Anlässe hin zu verfolgen. Aber das ist das Wesentliche und Charakteristische, daß diese Prozeduren von den autoritären Mächten im Staat gerade als Übergriff, als etwas nicht zu Duldendes bezeichnet werden — zuletzt noch sehr energisch und unmißverständlich von Friedrich II. für Sizilien:

„— ad singularium delationes — ad inquisitionem minime procedatur" (oben S. 39).

Setzen wir aber voraus, daß jenes Verfahren geistlicher Richter — gegen Ende des 12. Jahrhunderts — vielfach verbreitet und als solches auch in Rom bekannt war, so würde auch die Gesetzgebung des Innocenz stillschweigend das gleiche Verwerfungsurteil aussprechen.

Und da erhält nun das Problem in seiner Totalität erst dadurch die entscheidende Spitze, daß die Prozedurform, gegen die sich Papst und König um die Wende vom 12. zum 13. Jahrhundert noch grundsätzlich zur Wehr setzen, in diesen selben Jahrzehnten — zwischen 1150 und 1220 — von den Statuten der lombardischen Stadtrepubliken die gesetzliche Sanktion empfängt, wenn auch zunächst nur für gewisse schwerste Delikte[1].

Den ersten Ansatz dazu bildet das älteste kleine Statut Genuas von 1143. Die Beherrscherin der Riviera ist um diese Zeit schon, etwa seit einem halben Jahrhundert, im Besitz ihrer Kommunalverfassung, der „Compagna", in der sich Stadtadel und oberer Mittelstand unter Konsuln teils unter, teils gegen den Bischof und den Stadtherrn zusammengeschlossen haben, aber doch noch in altertümlichen Verhältnissen[2]. Jenes Stadtrecht hat noch den Charakter, der für die embryonalen Formen des italienischen Stadtrechts entscheidend ist, nämlich des Regierungsprogramms, das der Konsul bei Beginn seiner Amtszeit mit dem Rat vereinbart und beeidigt. Das hier in Frage kommende Gesetz ist als **neues gesetzgeberisches Experiment** ohne weiteres daran kenntlich, daß es nur **probeweise für ein Jahr** verkündet und in seiner dauernden Geltung nur dadurch gesichert wird, daß der Konsul seinen Amtsnachfolgern die Respektierung ausdrücklich zur Pflicht machen zu wollen erklärt[3]. Der Konsul droht den **Münzfälschern** strenge Maßregelung an, und zwar Maß=

---

[1] Es ist mir unerfreulich, daß ich an dieser Stelle wesentlich nur das wiederholen muß, was ich schon in der „Herkunft des Inquisitionsprozesses" 1902, S. 103 ff. (41 ff.) ausgeführt habe. Aber ich habe mich überzeugen müssen, daß meine Erwartung sich getäuscht hat, es genüge, die Beweisstellen einfach für sich sprechen zu lassen. Die ganze Quellengruppe der italienischen Statuten ist offenbar doch noch immer so vernachläßigt, daß eine breitere Kommentierung unerläßlich wird.

[2] Die älteren Genueser Verfassungszustände sind durch Sieveking, Genueser Finanzwesen, 1898 S. 14, festgestellt.

[3] S. am Ende des Erlasses.

regeln, die nicht nur in den Straffolgen ausschließlich dem öffentlichen Interesse angepaßt sind — Konfiskation zugunsten des Fiskus, ewige Achtung, Handabhauen, sondern auch ein Einschreiten **aus eigener Initiative** voraussetzen[1]. Allerdings wird nach dem Wortlaut dieses Gesetzes der erste Anstoß zum offiziellen Strafverfahren nicht recht plastisch vorstellbar. Aber dem Mangel wird dadurch abgeholfen, daß einige Zeit später für dasselbe Delikt — Münzfälschung — oder ein verwandtes — Urkundenfälschung — das gleiche Ausnahmeverfahren von Mailand (1204) und von Como (1202) vorgeschrieben und bei dieser Gelegenheit greifbarer geschildert wird. Das Mailänder Münzstatut[2] verfügt genau die gleichen Strafen für den Fall der Schuld[3], sowie ergänzend geringere Strafen für den Fall ernstlicher Verdachtsgründe — „si qua persona suspiciosa inventa fuerit de aliquo predictorum et alia inditia apparuerint que moveant judicantem." Es verheißt dem Ankläger des Verbrechens öffentliche

---

[1] Statuta civitatis Januensis 1143, c. 72 (historiae patriae monumenta, leges muncipales I, p. 251): „A proxima ventura die purificationis sce. Marie usque ad annum unum, si ego Consul **invenero ullum hominem per testes**, qui fuerint recipiendi ad tam magnum crimen probandum, vel qui per suam confessionem manifestaverit quod falset monetam Januensem aut qui cum falsatum habeat seu falsare faciat sive ad falsandam eam consentiat vel cuius consilio falsetur, omnes res illius hominis mobiles et immobiles ad comune Janue laudabo, et res eius ubicunque invenero ita ut adquirere possim ad comune Janue accipiam et amplius non reddam nec alicui alteri persona pro illo et in **parlamento laudabo** ut persona eius perpetuo exilietur et si personam eius habere potero manum eius truncare faciam. Et hoc totum de eodem homine videlicet falsatore monete in brevi scribere faciam ad quod venturi consules iurabunt.

[2] Ich gebe den ungekürzten Wortlaut des nach einem Berliner Manuskripte von Sachsse gesondert herausgegebenen Statuts im Anhang Nr. II (u. S. 72).

[3] Nämlich Abhauen der rechten Hand und Vermögensverlust, Konfiskation der Mobilien, Verwüstung der Liegenschaften, falls der Verbrecher der Gewalt der Behörden entgeht, lebenslängliche Achtung (was nach den übereinstimmenden Vorschriften dieser Art Preisgabe an die Tötung durch einen jeden — auch praktisch — bedeutet). Im Falle des verschafften Verbrechensverdachts tritt Geldbuße von 50 Pfund, durch Einsperrung (Carcer) zu erzwingen, — im Fall der Flucht lösbarer Bann an die Stelle.

Belohnung und macht schließlich ausdrücklich den Stadtrichtern jede Tätigkeit „ad inquirendas predictas fasitates" zur Pflicht, vorausgesetzt, daß ihnen Anzeige davon erstattet worden ist, „ex quo sibi delata fuerit". Schon hier tritt das entscheidend neue, das Inquirieren auf Grund bloß anregender, nicht anklagender Tätigkeit eines Draußenstehenden und andererseits ohne vorgängiges Gerücht, sozusagen wörtlich in der Verknüpfungsform, die das Gesetz Friedrichs II. perhorresziert, greifbar hervor. Am deutlichsten redet das Statut von Como. Auch hier wird für Urkundenfälschung zunächst hohe Geldbuße, Achtung, Verlust der Hand angedroht, sowohl gegen den, der die gefälschte Urkunde im Prozeß produziert, wie gegen den Notar, der sie angefertigt hat[1], dann aber das Verfahren mit Anzeige des Beschädigten, Belastungszeugnis und anschließender Offizialinquisition — genau geschildert:

„Et ille qui dixerit sub potestate vel consulibus communis et justitiae vel negociatorum, cartam sive instrumentum falsam vel falsum esse et probare voluerit de ipsa falsitate vel ostendere, iuret ad sancta Dei evangelia statim se credere et habere suspicionem certam de ipsa Carta sive instrumentum sit falsum et postea procedat. Et potestas et consules communis et iusticiae et negociatorum teneantur ex officio suo inquirere ipsam falsitatem".

Die drei Gesetze unterstützen sich also vortrefflich. Ein Irrtum durch falsche Interpretation wird ausgeschlossen, wenn man erwägt, daß Genua und Mailand, zeitlich ziemlich weit abstehend, für dasselbe Delikt das gleiche anordnen, Mailand und Como, dicht benachbart, für zwei verschiedene, aber in ihrer sozialen Bedeutung

---

[1] Liber statutorum consulum cumanorum no. 54 (monumenta, leges municipales II, p. 64): Item, MCCII die dominica sexta intrantis ianuarii statutum est: si quis fecerit cartam falsam (additur: vel condempnacionem in MCCLXIII mense iunii) vel cartam iam falsam produxerit, solvat pro banno libras centum novorum aut manum amittat et fides ei aufferatur in perpetuum, et causam eam in qua eam produxerit amittat et notarius qui eam fecerit totidem aut manum amittat et fides aufferatur in perpetuum. Et ille qui dixerit etc. (vgl. den Text).

einander nahestehende Delikte fast im gleichen Jahre das gleiche verfügen. Und schließlich wird eine weitere Unterstützung durch ein Statut von Bergamo geliefert, worin diese ebenfalls der Mailänder Kultursphäre angehörige Kommune das entsprechende wiederum für ein anderes Delikt, die Gefährdung des Stadt= friedens durch verborgenes Waffentragen vorschreibt. Auch hier wird durch eine Vorschrift, die ausdrücklich auf die Zeit „vor 1220" datiert ist, ausgesprochen, daß das bloße „Nennen" (dicere) dessen, der sich durch den Verletzer des Waffenverbots bedroht fühlt, genügt, um dem Richter zum inquirere et cercare durch eigene Tätigkeit oder die seines Stellvertreters (missus) zu ver= anlassen. Wenn er die Anzeige bewahrheitet gefunden, soll er in der ersten allgemeinen Versammlung des Volksrats (arengum) die Beweise vorlegen (manifestare) und die Strafe verhängen[1]. Nimmt man alles als einheitliche Erscheinung, so sieht man, daß von dieser Quellengruppe das Problem der Offizialverfolgung von Delikten auf einer ganz andern Basis und nach ganz anderen Gesichtspunkten angefaßt wird als in England und Sizilien und auch als im kanonischen Recht. Natürlich ist das eigentliche Motiv überall dasselbe: man will in gefährlichen Deliktsfällen die öffentliche Gewalt von dem hemmenden Erfordernis der maß= gebenden Betriebstätigkeit eines Bürgers und zugleich den Bürger nicht nur von der Mühe des Prozesses, sondern vor allem von dem schweren Risiko der vernichtenden Folge der Anklage für seine eigene Existenz befreien. Aber im anglonormannischen und — vom Standpunkte des 12. Jahrhunderts gesprochen — im sizilisch= normannischen Staat kommt es darauf an, eine Verantwortlichkeit

---

[1] Die Stelle heißt im Zusammenhang (Monumenta, leges municipales II, p. 1932): Statuta Pergami, rubr. III de armis vetitis coercendis, ante 1220: „Et si aliquis de se dubitans vel de suo amico vel alio dixerit per sacramentum rectoris congruo loco et tempore quod aliquis portet aliquod armorum vetitorum, teneatur Rector diligenter inquirere et cercare quam citius et melius potuerit sine fraude per se vel per suum missum. Et si hoc invenerit, teneatur Rector in primo arengo, quod post ipsam inventionem fecerit, hoc dicere et manifestare et ibi pre- dictas penas ei imponere."

des Anklägers in ganz konkret prozessualem Sinne, nämlich die Überführung des angeblichen Verbrechers durch Aufforderung zum Zweikampf, abzustoßen. Aufgabe und Leistung des Gesetzgebers ist es, statt dessen etwas positiv Neues, eine ganz andere Prozedur, die Rüge, mit eigenen Beweisfolgen, Gottesurteil, zu schaffen. In den italienischen Städten ist durch die Gesamtentwicklung seit der Mitte des 12. Jahrhunderts bereits ein Zustand geschaffen, nach welchem die Leistung des Anklägers **im Prozesse selbst** sich — von Ausnahmefällen abgesehen — auf Beschaffung von Belastungsbeweisen, besonders Zeugen und Verbrechensspuren, zurückgezogen hat; sein Risiko liegt darin, daß er durch inscriptio die Verurteilung in dieselbe Strafe, die dem Angeklagten droht, auf sich nehmen muß, falls sich seine Anklage als grundlos und böswillig herausstellt; hier braucht sich also der Offizialgedanke wesentlich nur durch etwas **Negatives** durchzusetzen. Er braucht nur die betreibende und überführende Tätigkeit des Anklägers und dessen Verantwortlichkeit für die Folgen zu **ignorieren**, dem Richter die Heranziehung der Beweise aus eigener Macht zu ermöglichen, die er bisher auf Antrag des Anklägers herangezogen haben würde. Kurzum, die Leistung des Stadtgesetzgebers ist, obwohl einerseits eine viel durchgreifendere, doch andererseits eine viel leichtere, zwangloser sich vollziehende. Und sie ist es, weil sie aus einer ganz anderen **Umwelt** hervorgeht, — aus einem Prozeß, der in Zivil- und in Strafsachen nicht mehr mit den germanischen Überführungs- und Reinigungsformen, sondern mit dem nach römischem Recht geschulten auf Begründung historischer Überzeugung des Richters hinstrebenden **Beweis** arbeitet[1].

---

[1] Daß zum Verständnis der beiden Inquisitionsformen die Kenntnis und Berücksichtigung zweier von Grund aus verschiedener Beweissysteme nicht entbehrt werden kann, habe ich bereits in meiner „Herkunft des Inquisitionsprozesses" S. 94 ff. ausführlich dargelegt. Ich komme auf diese Gedanken hier nicht zurück, um ermüdende Wiederholungen zu vermeiden, betone aber, daß ich sie zum Verständnis der gesamten verwickelten Bewegung noch für genau so unerläßlich halte wie damals. Vor allem der Umstand, daß das Gerücht, mala fama, die große Rolle im Königsrecht und Kirchenrecht spielt, läßt sich nicht ver=

VI. Der formfreie Inquisitionsprozeß der oberitalienischen Städte.

Faßt man dies ins Auge, so wird klar, daß die normannische und die mit ihr verwandte kanonische inquisitio einerseits, die stadtrechtliche inquisitio andererseits zwei gesetzgeberische Bewegungen sind, die wohl äußerlich parallel, aber innerlich ganz selbständig verlaufen.

Die Einsicht in die innere Selbständigkeit der Rechtsgedanken, von denen die stadtrechtliche inquisitio getragen ist, gibt aber auch schon den Schlüssel zu einer an sich auffallenden Erscheinung.

Es muß zunächst frappieren, daß nur die ebengenannten dürftigen Belegstellen vorhanden sind, um das Ingangkommen einer so großen Bewegung zu veranschaulichen. Man hat deshalb wohl offen oder verblümt zu verstehen gegeben, daß dieser Teil meiner Untersuchung mit unzulänglichem Material gearbeitet sei. Natürlich, jeder weiß von den italienischen Stadtrechten so viel, daß wir hunderte von urkundlichen und gedruckten Redaktionen besitzen. So erwartet man auch massenhafte Belege und wird argwöhnisch, wo sie ausbleiben. Nun ist es freilich wohl ein leichtes, mit einer Anhäufung von Statutenexzerpten zu prunken, und man wird damit auf den Unkritischen Eindruck machen. Aber der kritische Quellenexeget muß von solchem Verfahren sich unbedingt fernhalten. Bei einer so subtilen Frage der Priorität gesetzgebender Mächte und bei so feinen Nuancen der Entwicklung des Rechts dürfen schlechterdings nur die sicher beglaubigten, nach den

---

stehen, wenn man nicht erwägt, daß dieser Begriff die gesamte germanische Technik der Beweisbegriffe zur Vorbedingung hat. So wie die letztere verschwand, mußte auch der Gerüchtsbegriff seine Bedeutung verlieren. Deshalb kommt er in den Stadtrechten gar nicht mehr vor, schon in den ältesten nicht mehr. Gerücht ist dort nur eine Gruppe von Belastungsmomenten, die neben anderen ins Gewicht fallen und, wie andere, durch Zeugen bewiesen werden.

Wertvolle Ergänzungen zur Kenntnis der Umbildung der germanischen in das moderne, sogenannte römische System der Beweisbegriffe, speziell im Zeugenbeweis, hat inzwischen Himstedt, Die Umbildung des Zeugenbeweises im ital. Prozeßrecht des 13. Jahrhunderts (Richard Schmidt, Zivilprozeßr. Forsch., Heft 5), gebracht.

Archiven herausgegebenen kritischen und modernen Drucke Verwertung finden, — nicht die späteren Überdrucke, die manchmal wohl auch ältere Bestimmungen enthalten, aber ohne die Möglichkeit genauer Sonderung zu bieten. Und bei solchem Stand der Aufgabe schrumpft das Material auf eine relativ sehr beschränkte Zahl älterer Stadtrechte zusammen — mindestens solange die italienischen Gemeinden so saumselig in der Publikation ihrer archivalischen Reste verfahren wie bisher. Aber auch die Gruppe der Stadtrechte des zwölften und frühen dreizehnten Jahrhunderts, über die wir heute verfügen, und die immerhin, wenn auch langsam, doch sicher anwächst, ist gerade für unser Problem in großem Umfang stumm. Die Formen des Strafprozesses sind in gärenden Übergangszeiten wie der, wo sich die italienischen Stadtrepubliken aus der königlichen, territorialen und kirchlichen Umklammerung losringen, wo sie innerlich schon von früh an, etwa vom Jahre 1200 ab, gespalten sind durch den Gegensatz der städtischen Magnaten- und Großkaufmannsgeschlechter und der Zünfte und ihrer societates populi, in großem Maße durch die äußeren Machtverhältnisse bedingt[1]. Man muß notwendig annehmen, daß die jeweiligen Machthaber in dieser Frühzeit vielfach Spezialinquisitionen im geschilderten Sinne vorgenommen haben, ohne die gesetzliche Autorisation herbeizuführen oder abzuwarten; und es ist klar, daß bei Verfolgung wirklich schwerer, sozial gefährlicher Missetäter, besonders schwerer Gewerbsverbrecher, der Beamte auch bei einem nicht gesetzmäßigen Verfahren der Sympathie der öffentlichen Meinung sicher war, ganz besonders der nächstbeteiligten Personen, nämlich der Verletzten oder zufälligen Zeugen, denen die Obrigkeit die Last der Verfolgung abnahm. So erklärt es sich, daß von den Statuten des drei-

---

[1] Eine Zusammenfassung der Hauptgründe dieser innerpolitischen Verhältnisse habe ich mit neuen Belegen in meinen „Richtervereinen" 1911 (Zivilprozeßr. Forschungen Heft 9) gegeben; ich darf hierauf verweisen. Vor allem aber hat man sich hier Davidsohns Gemälde der florentiner Verhältnisse des Dugento gegenwärtig zu halten, die in vielem für alle Städte typisch sind (o. S. 7).

VI. Der formfreie Inquisitionsprozeß der oberitalienischen Städte. 59

zehnten Jahrhunderts viele, und zwar bereits sehr bedeutende und gesetzestechnisch hochentwickelte, während sie über die Materien des materiellen Strafrechts, Zivilrechts, Zivilprozesses, Verwaltungsrechts eingehende Regeln aufnehmen, von den Formen der Strafverfolgung schweigen, und der Rechtshistoriker wird auch die großen Statuten von Bologna von 1250, die kürzlich edierten, sehr interessanten von Siena von 1262, die von Pistoja von 1296 vergeblich gerade nach diesen Rechtsformen durchforschen[1]. Nur wäre es ganz falsch, daraus zu schließen, daß die Stadtrechte, die eine inquisitio auf Privatanzeige des ersten Zeugen nicht erwähnen, sie auch nicht gekannt und anerkannt haben. Sehr viele, wahrscheinlich wohl alle haben sie mindestens seit 1220 gewohnheitsrechtlich eingeführt, und gelegentlich erhalten wir auch dafür unanfechtbare Beweise. Die Statuten von Vercelli von 1242 gehören beispielsweise zu denen, die keine Sanktion des inquisitorischen Strafprozesses enthalten. Aber sie enthalten unter

---

[1] Zum Überfluß will ich konstatieren, daß ich bei wiederholtem Durcharbeiten keine Spuren für eine gesetzliche Anerkennung der Inquisitio habe finden können in folgenden Statutenredaktionen des 13. Jahrhunderts: Lodi v. J. 1210 (Statuti vecchi di Lodi ed. Vignati Mail. 1884), Mailand 1216 (Liber Consuetudinum Mediolani ed. Berlan, Monum. historiae Patriae, leg. munic. II, p. 861), Brescia ca. 1240 (im ganzen ungedruckt: Codex im Brescianer Archiv, Fragmente daraus abgedruckt bei Odorici, Storie Bresciane Tom. 7. 1854), Verona ca. 1200—1227 (liber iuris civilis urbis Veronae, ed. Campagnola 1728), Riva 1274 (Statuti della città di Riva, Trento 1861), Vicenza 1264 (Statuti del Comune di Vicenza in monumenti storici delle deputazione Veneta, seria Statuti, vol. I), Venedig 1242 (volumen statutorum Venetorum ed. Novello 1564), Parma 1255 (monumenta historica ad Provinciam Parmensem et Placentinam pertinentia 1856), Ferrara 1288 (Statuti di Ferrara dell' anno 1288, in monumenti storici pertinente alle provincie della Romagna tom. IV. 1864), Bologna 1250 (Statuti di Bologna ed. Frati tom. I. 1869), Pisa 1286 (Statuti della Città di Pisa, ed. Bonaini 1854—70), Siena 1262 (constituto del Comune di Siena, ed. Zdekauer 1897), Pistoja (Statuta communis Pistorii ao 1296 ed. Zdekauer 1888).

Der Kenner der Quellen weiß, daß mit den genannten die sicher datierbaren Statuten des 13. Jahrh. annähernd erschöpft sind. Im übrigen wage ich selbstverständlich nicht zu behaupten, daß mir beim Studium der weitschichtigen Materialien nicht eine oder die andere Stelle entgangen sein könnte. Jede Berichtigung würde ich mit Freuden begrüßen.

anderem eine verstreute Vorschrift, daß der Podestà über Fälle von Tötungen und Körperverletzungen, die der dominus gegen seine rustici begangen hat, verpflichtet ist,

„cognoscere legitimo accusatore interveniente et non per officium[1]".

Die Vorschrift ist evident eine Ausnahmevorschrift, die dem stadtstaatlichen Richter die Einmischung in das Verhältnis von Grundherrn und bäuerlichen Hintersassen auch bei Verbrechen des Herrn verbietet. Sie setzt also das Bestehen eines Offizial= verfahrens ohne Ankläger als Regel voraus. Die um= fassendste Probe dieser Art gestattet ja aber das bekannte Zeugnis des Albertus Gandinus, der in seinem Traktat aus dem letzten Jahrzehnt des dreizehnten Jahrhunderts die Inquisition „in quolibet maleficio" als allgemeine Rechtsgewohnheit der italienischen Territorien bezeichnet, — ein Zeugnis, das nunmehr durch die Publikation von Bologneser Strafakten seit etwa 1290, die wir Kantorowicz verdanken, ein verblüffendes Anschauungsmaterial erhalten hat[2]. Und doch sind auch in dieser Zeit, bei= nahe hundert Jahre nach den vorhin genannten frühesten Gesetzen von Genua, Bergamo, Como, die Stadtkodifikationen noch immer höchst vereinzelt, die die inquisitio auf De= nunziation ausdrücklich anerkennen.

Kurzum, man wird sich dabei zu bescheiden haben, daß der Inquisitionsprozeß eines der Gebiete darstellt, das das italienische Dugento wesentlich im Wege des Gewohnheitsrechts ausgebildet hat, und das wird um so mehr begreiflich, als ja der Rezeption gerade dieser Prozeduren in den italienischen Städten von vorn=

---

[1] Statuti del Commune Vercelli, ed. Adriani 1879 rubr.
[2] Über diese Publikation vgl. bereits oben S. 7. Nähere Wiedergaben ihres reichen Inhaltes gehören nicht in den Rahmen dieser Studie. Nur darauf muß hingewiesen werden, daß schon hier der ausgebildete Inquisitionsprozeß insofern als das getreue Prototyp des heutigen Strafprozesses erscheint, als er regelmäßig mit Denunziation und Vernehmung des Denunzi= anten als Belastungszeugen beginnt (vgl. o. S. 50). Darin schließt sich also die spätere Praxis aufs genaueste an die ersten gesetzgeberischen Äußerungen der Statuten (o. S. 52) an.

herein eine klar redende gesetzliche Autorität zur Seite stand, die der römischen Quellen. Wie wenig diese hier weggedacht werden können, illustriert wohl am besten der Umstand, daß in den Landesteilen, in denen die Geltung des römischen Rechts, wenn auch in verstümmelter Form, nie aufgehört hatte, im östlichen Oberitalien, in den Gemeinden der Romagna und Emilia, eine statutarische Einführung der Inquisition überhaupt nicht für nötig gehalten worden ist. Es ist bis jetzt nicht möglich gewesen, für Ravenna, Ferrara, Bologna, Reggio, Modena, Parma usw. irgendeinen Beleg hierfür zu finden. Das mächtige Padua läßt erst Anno 1267 ganz beiläufig erkennen, daß es für Tötungen die Inquisition längst besitzt, indem den Erben des Ermordeten ausdrücklich eine Wahl eröffnet wird, ob sie die Verfolgung des Mörders „iure ordinario", d. h. im Wege der Anklage, übernehmen oder die Offizialverfolgung betreiben wollen[1]. Nur die westlichen Städte, die der eigentlichen Lombardei, haben bezeichnenderweise die Rezeption „offiziell" vollzogen.

So kann man denn unter Berücksichtigung der zuletztgenannten Einflüsse die Situation, die um 1200—1220 in Italien herrscht, kurz dahin charakterisieren: **Die Verbrechensverfolgung von Amtswegen wird in Italien gleichzeitig nach einem doppelten System herrschend: nach dem germanischen und nach dem römischen.** Die oberitalienischen Städte haben sofort auf dem direkten Weg sich die römische Verdachtsinquisition in vollem Umfang angeeignet, bedeutsam für den Hauptfall der Anzeige und des Verbrechensbeweises, den Fall des Verbrechensgerüchts nur als einen Neben-

---

[1] Statuti di Padova III, 3 de accusacionibus et denuntiacionibus no 742 (wohl dasselbe Datum, wie no 741, p. 249, ao 1267). In homicidiis vero detur electio heredibus interfecti utrum velint quod potestas et iudex maleficiorum procedat ex officio an velint agere iure ordinario. Infra 15 dies teneantur eligere et si elegerint quod procedatur ex officio tunc estes nominati et denuntiatione vel accusacione et per deffensiones audiantur super capitulis et interrogacionibus ut dictum est. — Dies anscheinend das einzige, abgesehen von der ziemlich belanglosen Stelle, die ich „Herkunft" S. 104 (42) bereits wiedergegeben habe.

fall mit umfassend, der gar nicht besonders erwähnt wird. Sizilien und die Kirche haben sich bis auf weiteres mit der Wiederbelebung der germanischen Inquisition des Gerüchts begnügt, — das sizilische Recht in Wiederanknüpfung an die karolingische Rüge, — das kanonische mit leichter Variante in Wiederanknüpfung an die altkirchliche Sendrüge.

VII. Stadtrecht, Kirchenrecht und Königsrecht in ihren Berührungen.

Alles Weitere ergibt sich aus der Klarlegung der kritischen Zeit, dem Stand der Rechtsbildung im ersten Drittel des 13. Jahrhunderts, ganz von selbst: Königsrecht und Kirchenrecht nehmen im Wege der Praxis das Stadtrecht auf oder, anders ausgedrückt, die restaurierten Formen des germanischen Inquisitionssystems werden vom römischrechtlichen System aufgesogen.

Dieser spätere Teil der Entwicklung, der den Sieg der formfreieren über die formellere Gestalt der Inquisition bedeutet, würde hier gar nicht noch einmal zu erwähnen sein, nachdem ich die Belege dafür schon früher beigebracht habe. Wenn es trotzdem geschieht, so ist es nur deshalb notwendig, weil Zechbauer die Lage der Quellen durch eine Auslegung in Verwirrung gebracht hat, deren Unvorsichtigkeit nach dem inzwischen nochmals festgestellten Rechtsgehalt der Stadtrechte klar genug erhellt. Zechbauer schildert, um es kurz zu sagen, eine literarische Bewegung in den kanonistischen Schriftstellern der Mitte des 13. Jahrhunderts als bahnbrechende neue Schöpfung, die — wenn man das soeben Überschaute im Auge behält — nichts anderes ist als eben die stillschweigende Aneignung dessen, was die Stadtgesetzgebungen und, wie wir annehmen müssen, die Gewohnheitsrechte der Städte längst besaßen[1]. Der Wortführer dieses neu-

---

[1] Und zwar schildert er diese durchaus sekundäre kanonische Bildung mit sehr starker Betonung seiner angeblichen Entdeckung S. 206: „Für diesen neuen Gedanken (nämlich die Offizialuntersuchung des einzelnen Verbrechens) hatte

VII. Stadtrecht, Kirchenrecht und Königsrecht in ihren Berührungen. 63

kanonischen Inquisitionsprozesses ist Sinibald Fiesco von Genua, später Papst Innocenz IV., der — eben als Genuese — die Offizialuntersuchung gegen eine durch Anzeige bezeichnete „spezielle" Person, die „inquisitio specialis", von Kindheit an kennen mußte. Um sie ohne gesetzliche Neuerung auch im kanonischen Recht neben der inquisitio generalis aus Gerücht verwerten zu können, wählte er den Weg einer extensiven Interpretation der Dekretalen seines Vorläufers Innocenz' III. Hatte dieser, wie bereits erwähnt (oben S. 47) der inquisitio ex mala fama schon damit etwas mehr Bewegungsfreiheit verschafft, daß er dem geistlichen Richter die Möglichkeit gegeben, sich über das zu ihm dringende Gerücht selbst Beweis selbsttätig zu verschaffen, so dehnte der einflußreiche Schriftsteller des nächsten Menschenalters das dahin aus, daß auch eine Einzeldenunziation

---

der Gesetzgeber in dem normannischen, ganz auf dem germanischen Anklageverfahren und den alten, formalen Beweisgrundsätzen fußenden Strafprozeß schlechthin keine Vorbilder finden können, er muß hier aus anderer Quelle geschöpft haben. Als diese Quelle läßt sich zur vollkommenen Evidenz das kanonische Recht nachweisen." Das wird, abgesehen davon, daß Zechbauer es selbst unterstreicht, d. h. gesperrt druckt, noch moralisch unterstrichen durch die Vorrede Kohlers, der seinen Schüler hier in Form eines offenen Briefes „Mein lieber Herr Zechbauer!" mit dem Lobspruch apostrophiert: „Sie haben durch den Nachweis, daß die inquisitio specialis, d. h. das auf die einzelne Tat und ihre Strafverfolgung gerichtete Verfahren, nicht im normannischen Recht wurzelt, sondern die Schöpfung des großen Innocenz III. ist, daß sie etwas von der inquisitio generalis wesentlich Verschiedenes darstellt und auf der Konzeption des großen Papstes beruht, die Lehre mächtig gefördert und die ganz haltlose Idee, daß Papst Innocenz seine bahnbrechende Neuerung dem normannischen Rechte entlehnt habe, ein für alle Male beseitigt." Der letztere Ausfall ist natürlich auf mich gemünzt. Es genügt dazu zu bemerken:

1. daß ich niemals behauptet habe, daß Innocenz III. die inquisitio specialis „von dem normannischen Recht entlehnt habe", sondern von dem Recht der italienischen Städte (beachte „Herkunft" S. 117, bzw. S. 55);

2. daß auch Zechbauer selbst gar nicht behauptet, daß der dritte Innocenz bereits die entscheidende Wendung zur inquisitio specialis getan habe. 3. konstatiert vielmehr ganz richtig und so, wie ich es nebenstehend im Text wiedergegeben, daß erst der vierte Innocenz unter Benutzung der erwähnten Handhaben der innocentinischen Dekretalen in seinem „Apparat" um 1240 den Abschluß der kanonischen inquisitio zustande gebracht hat (S. 208). Kohler hat also nicht einmal die Arbeit seines Schülers richtig gelesen. Difficile est, satiram non scribere!

zur inquisitio famae führen könne, und ferner dadurch, daß er der Nachforschung nach einem Gerücht stillschweigend die Nachforschung nach irgendwelchem Verdacht unterschob. Wurde dieser Standpunkt eingenommen, so war im wesentlichen das Niveau der stadtrechtlichen inquisitio erreicht. Der eigentlich kanonische, mit dem Wesen einer kirchlichen Strafjustiz innerlich verwachsene Gedanke, daß nur ein Ärgernis der Gemeinde, ein scandalum, das offizielle Einschreiten des geistlichen Richters rechtfertigt, war verlassen, und die Kirche ordnete sich dem allgemeinen öffentlichrechtlichen, staatlichen Gedanken unter, wonach die öffentliche Gewalt, um der Bedrohung der Gesellschaft durch das Verbrechen, um der sozialen Gefahr als solcher, um des periculum willen die Verfolgung als ihre Pflicht erkennt. In der Tat drückt es genau so Innocenz IV. selbst noch aus: „item propter periculum fit inquisitio etiam sine infamia[1]." Völlig rezipiert erscheint diese Anschauung in der nächstfolgenden Generation, die unter den kanonischen Schriftstellern Wilelmus Durantis mit iemem speculum iuris repräsentiert. Hier heißt es nunmehr ganz bestimmt und unverklausuliert:

„— ordinarius potest inquirere etiam contra non infamatum, dummodo sit alias suspectus — et sic videtur Inn. IV sentire[2]."

Schon in der Zwischenzeit dehnt sich die inquisitio contra speci-

---

[1] Vgl. die von mir schon „Herkunft" S. 89 (27) zitierte Hauptstelle in Innoc. Apparatus zu c. 31 de Simonia 5, 3: „satis dici potest, quod ubi ubi scandalum timeretur, quod posset conturbare ecclesiam — quod licet fieri inquisitio. — Item potest fieri inquisitio contra eum qui suspectus est praelato suo ordinario et etiam forte alii vel aliis bonis viris vel etiam principi terre etsi non sit alias infamatus. Alii tamen dicunt, quod licet predictis casibus possit indici purgatio (vgl. oben S. 47), non potest fieri inquisitio: quum post inquisitionem non semper tamen sequitur purgatio. Item propter periculum fit inquisitio etiam sine infamia."

[2] Durantis spec. liber III p. 1 rubr. de inquis. § 3 no 37; — § 2 no 12. Vgl. „Herkunft" S. 89 (27). Was Zechbauer S. 208 f. darüber beibringt, ist nur eine unvollständige Wiederholung der bereits von mir beigebrachten Belege.

alem personam auch auf die sizilische Monarchie aus¹, — hier freilich nicht sofort durch Erweiterung des Prinzips, sondern auf einem formellen Umweg, nämlich durch Vermittlung einer Spezial= ermächtigung, eines mandatum der königlichen Kanzlei, das ein Denunziant erwirken kann, um den Justiziar zur amtlichen Unter= suchung anweisen zu lassen, wo das Gesetz ihm diese Macht noch nicht gibt². Aber grundsätzlich ist doch auch damit schon der Anfang zu einer Inquisition bei Verdacht, d. h. bei Denun= ziation und belastendem Einzelzeugnis über ein Verbrechen gegeben, und da nun die bekannte große Konstitution Kaiser Friedrichs auch schon aus dem Anfang der vierziger Jahre stammt, so liegt die Annahme am nächsten, daß die sizilische Rechtsfortbildung

---

[1] Vgl. den bereits oben zitierten Schlußpassus der constitutio: „De specialibus autem causis et ad singularium delationes contra singulares personas factas ad inquisitionem in criminibus faciendam minime procedatur, preterquam in crimine hoc maiestatis contra personam nostram — vel nisi speciale concientiae nostrae mandatum super inquisitione facienda procedat."

[2] Zechbauer hat hinsichtlich der äußeren Form dieses Verfahrens das Bild bereichert, indem er auf die Kanzleiformulare für solche Spezialmandate hingewiesen hat, die uns erhalten sind, überliefert in den Formulae magnae Curiae, von Eduard Winkelmann, acta imperii inedita II S. 721ff. ge= druckt. Beispiel Nr. 960 (bei Zechbauer S. 203): G. lator praesentium exposuit coram nobis quod quidam malefactores ad dampna clandestina intrepide animati quendam bovem suum in pertinentiis — noctis tempore occiderunt. Cum igitur volumus tam de maleficio quam de malefactori- bus ipsis per inquisitionem plenius edoceri, mandamus vobis, quatinus inquisitiones exinde per homines ipsius loci diligentissimam faciatis, et si comparuerit malefactor vel aliqua levis persona ex ipso maleficio notabilis vel suspecta, ipsum ad nos in defectu fide iussorum sub fida custodia detinetis, nihilominus verba ipsius inquisitionis et quidquid inde feceritis, nobis sub vestro sigillo fideliter rescribatis." Z. betont auch mit Recht die sehr einleuchtende weitere Analogie, die zwischen diesen strafprozessualen Spezialinstruktionen der sizilischen Monarchie und der Einrichtung des „breve recognitionis" besteht, die Heinrich Plantagenet (Brunner, Schwurgerichte S. 293) geschaffen hatte, um in Zivilsachen für Besitz=, Eigentums=, Erbrechtsprozesse die Einberufung von Inquisitions= oder Rekogni= tionszeugen, der späteren Ziviljury, ebenfalls auf Grund königlicher Spezial= mandats zu ermöglichen. In der Tat ist wohl kein Zweifel, daß Sizilien auch diese Technik, aus der Justizverwaltung neue Finanzerträgnisse herauszuschlagen, von England übernommen hat, — denn auf finanzielle fiskalische Zwecke läuft sie ja natürlich heraus.

genau so wie die kanonische auf dem Einfluß der nördlichen Stadtrechte beruht. Zechbauers Darstellung, die bei der Engumgrenztheit seines Gesichtsfeldes naturgemäß einer Rezeption aus dem kanonischen Recht das Wort reden muß, kommt hier, ohne daß ihm das klar wird, mit den Zeitdaten ganz heillos ins Gedränge. Er weiß recht wohl, daß der Apparat Innocenz' IV. „in der Zeit nach dem Konzil von Lyon, also um das Jahr 1245, geschrieben" ist. Sie sei „sonach zu jener Zeit, wo Friedrich II. (etwa um das Jahr 1242) jene constitutio erließ, in welcher er das inquisitorische Verfahren für seine sizilische Monarchie eingehend regelt, bereits zum Abschluß gelangt". Es bedurfte „somit (!) für Friedrich II. nur eines Schrittes, um die im kanonischen Rechte zur Ausbildung gelangte Neuerung, nämlich das Offizialvorgehen des Richters zu dem Zwecke, sich Kenntnis vor der hinsichtlich eines bestimmten Verbrechens etwa vorhandenen fama zu verschaffen, — an das bereits vorhandene sizilische Rügeverfahren anzugliedern". Welch ungeheuerliche Willkür der historischen Konstruktion! Im Jahre 1242 soll Kaiser Friedrich oder sein Kanzler Kunstgriffe der strafprozessualen Praxis, für die der Genueser Kardinal erst 1245 die — keineswegs leicht durchsichtige — Formel findet, gekannt und in die sizilische Justizverwaltung eingeführt haben! Kein Unbefangener kann das ernsthaft nehmen. Nicht das kanonische Recht, sondern lombardisches Stadtrecht und römisches Recht ist es, mit dem sich Friedrich II. in der bewußten Klausel seiner Konstitution auseinandersetzt. Einer weiteren Erklärung ist das nicht bedürftig, seitdem feststeht, daß schon in König Rogers Assisen von Ariano Einflüsse des römischen Rechts und der lombardischen Juristen mächtig waren und daß zwischen sizilischem und oberitalischem Rechtsleben die engste Fühlung bestand. Mit anderen Worten: das Königsrecht wie das Kirchenrecht — das ist der Sinn der Quellenbewegung zwischen 1240 und 1250 — nehmen in zwei parallelen Vorgängen, jedes auf seinem eigentümlichen technischen Wege die Inquisition römischen Stils aus dem Stadtrecht auf.

Im übrigen läßt sich nicht verkennen, daß die Eigenart des technischen Weges manche Verschiedenheiten des Verfahrens hier und dort bedingt, die nicht sofort verschwinden, — auch nachdem die oberitalische Praxis ihren Einfluß siegreich durchgesetzt hatte. In die äußerliche, sinnliche Unterscheidung der beiden Formen der Inquisition, der generalis inquisitio im Sinne einer Umfrage nach unbekannten, beliebigen Delikten, und der specialis inquisitio nach einem besonderen Delikt, sei es unbekannten, sei es bekannten Täters, hatte sich das sizilische Recht nun einmal seiner ganzen Entwicklung nach verfangen, und sie blieb ihm vorläufig eigen. Ja, es scheint fast, daß in diesem Punkte der sizilische Strafprozeß im weiteren Verlauf seinerseits das Stadtrecht der nördlichen Städte beeinflußt habe. Wenigstens hat Kantorowicz in den Bologneser Strafakten, also an Stellen, wo in der früheren Zeit keine Spur der Karolingischen Rüge mehr vorhanden ist, das Protokoll über eine „generalis inquisitio" mit zutage gefördert, die genau der Form der sizilischen entspricht und recht wohl dieser letzteren nachgebildet sein könnte. Das wird vor allem deswegen nahegelegt, weil dieses Bologneser Rügeverfahren sich ausschließlich auf kleine, geringfügige Straftaten, nicht auf Kapitalfälle erstreckt, d. h. auf Delikte, die für die Rüge der alten Zeit gerade keine Rolle spielten und zum erstenmal von der Konstitution Kaiser Friedrichs II. einbezogen erscheinen (S. 36 A.[1]). Aber im allgemeinen wird gerade an der verspäteten

---

[1] Kantorowicz, Gandins (vgl. oben S. 7) no. 34 S. 250. Die Urkunde wird eröffnet durch die allgemeine Einleitung: Haec est inquisitio generalis, que fit et fieri intenditur ex officio d. potestatis et d. Alberti de Gandino, iudicis malleficiorum et cuiuslibet eorum in solidum que inquisitio debet fieri ex forma statutorum super omnibus et singulis infrascriptis. Hierauf folgen die einzelnen Befragungs-, „Rüge"-Punkte, wobei man die in K. Friedrichs Konstitution (u. Anhang I S. 71) aufgezählten Objekte der sizilischen Rüge („rixatores, lusores taxillorum" etc.) vergleichen möge. „Imprimis si aliqua meretrix vel rufiana (Kupplerin) rufianus vel eorum receptator vel infamata persona ... morantur in aliqua domo alicuius parochiae infrascriptarum capellarum —. Item si aliquis in civitate Bononie vel suburbiis ludit ad ludum bisclatie vel ad aliquam ludum proibitum taxillorum —. Item, si in aliqua capella civitatis

Schöpfung dieser generalis inquisitio im Norden besonders anschaulich, wie verschieden sich die juristischen Denkkategorien und der dafür übliche technische Sprachgebrauch in den beiden weltlichen Rechtsgebieten Italiens entwickelt haben. Denn inzwischen ist in der oberitalienischen Literatur bereits jener ganz andere Begriff der „generalis" inquisitio aufgekommen, der auch uns heute in Rückblick auf den ausgebildeten Inquisitionsprozeß geläufig geblieben ist, — nämlich Generalinquisition gleichbedeutend mit Vorverfahren, Verdachtsermittlung des Strafprozesses überhaupt. Bei der Ausbildung dieser Terminologie haben ganz besonders die Kanonisten, im Ausgangspunkt zum Stadtrecht gegensätzlich und doch seinen Prinzipien zustrebend, als Vermittler gedient. Jedenfalls ist auf kanonistischer Seite bei Durantis — um 1270 — die Auffassung der inquisitio generalis in ihrer Funktion als einer „inquisitio praeparatoria" völlig ausgebildet und kurz darauf — um 1290 — von Albertus Gandinus in den weltlichen Begriffsschatz übernommen[1]. Als Hauptfall der generalis inquisitio wird hier der Fall betrachtet, wo auf Anzeige einer deliktischen Tat unbekannten Täters zunächst der mutmaßlich Schuldige" aufgespürt wird, gegen den später Anklage erhoben werden soll. Und gerade dieser Fall erscheint im sizilischen Gedankenkreis als ein — nur besonders gestalteter — Fall der inquisitio in singulari causa, als inquisitio specialis im Gegensatz zum Rügeverfahren der inquisitio generalis im sizilischen Sinne[2].

---

vel burgorum sunt aliqui homines qui habeant aliquam mallam famam occaxione furtorum vel homicidiorum et qui nichil habeant in bonis et latas faciant expensas usw.

[1] Vgl. die Belege hierfür bereits bei meiner „Herkunft" S. 89 [27].

[2] Vgl. die sizilischen Beispiele o. S. 65 A. 2. Alles Material zu diesem Punkte liest man bei Zechbauer S. 196 ff. nach. Nur wird, wenn man seine Darstellung überliest und mit der vorangehenden vergleicht, klar, daß Zechbauer diesen Fällen des bestimmten Delikts ungewisser Täter viel zu viel Wichtigkeit beilegt. Denn der Kenner der Praxis weiß, daß solche Untersuchungen „wider Unbekannt", wie wir sie heute nennen, einen verhältnismäßig sehr kleinen Prozentsatz neben den Anzeigen ausmachen, die sich von vornherein gegen bestimmte verdächtige Personen richten. Außerdem verdunkelt

VII. Stadtrecht, Kirchenrecht und Königsrecht in ihren Berührungen. 69

Aber bei diesen spezielleren Fragen ist hier nicht mehr zu verweilen. Sie werden erst dann von genauerem Interesse, wenn man sich den inneren, prozeßtechnischen Ausbau des Inquisitionsprozesses vergegenwärtigen will. In unserm Zusammenhang sind sie nur symptomatisch von Bedeutung, — insofern nämlich, als sie noch in späterem Stadium der Entwicklung anschaulich machen, von wie verschiedenen Formen und Gedankenkreisen die Gesetzgebungen ausgingen, die den Inquisitionsprozeß in die moderne Welt einführten. Solange wir uns über diese verschiedenen Strömungen der Rechtsbildung nicht klar werden, können wir auch die fernere Entwicklung nicht recht analysieren, — weder im

---

Zechbauer die Sache dadurch, daß er mit der Frage der offiziellen Verfolgung solcher Delikte unbekannter Täter eine andere sich daran anknüpfende Sondererscheinung vermischt, nämlich die Haftung der Gemeinde für Verbrechen, deren Täter unbekannt bleibt. Diese Rechtsfolge hat mit der Offizialverfolgung an sich gar nichts zu tun, sondern kann auch in Fällen eintreten, wo an sich ein Ankläger vorhanden ist, aber die Erhebung der Anklage durch die Unbekanntheit des Täters vereitelt wird. Infolgedessen überschätzt Zechbauer auch die Bedeutung des Verfahrens, das die Konstitutionen Friedrichs II. ordnen, um die Gemeindegenossen zur Anzeige des (von ihnen verheimlichten) Täters zu bringen, falls sie sich der Gesamthaftung nicht aussetzen wollen (Const. I, 28. de homicidiis et damnis clandestinis, quorum auctores inveniri non possunt; Zechbauer S. 198). Dies Verfahren steht nur äußerlich (durch die Form der Umfrage) mit der inquisitio generalis in Zusammenhang. Und noch weniger richtig ist die Auffassung dieses Verfahrens als einer epochemachenden Neuschöpfung. Zechbauer behauptet (S. 200): „Die Veranstaltung einer Gemeinderüge zum Zweck der Einholung von Recherchen über ein einzelnes bestimmtes Verbrechen durch den Richter war dem älteren, insbesondere dem fränkischen Rügeverfahren gänzlich unbekannt gewesen und bedeutet einen mächtigen Schritt vorwärts in der Ausbildung des richterlichen Offizialvorgehens." Ganz im Gegenteil. Zechbauer ist offenbar entgangen, daß gerade dies Verfahren die älteste Verwertung der Gemeindebefragung ist, schon von der lex Salica 74 vorgesehen, also zu einer Zeit, wo eine Offizialverfolgung des Verbrechens noch gar nicht in Frage kommt, vielmehr mutmaßlich nur, um dem Ankläger die Anklage zu ermöglichen (Brunner, Rechtsgesch. II S. 489). Zu diesem Zweck müssen die Bauern des Dorfs, wo der Erschlagene gefunden worden, schwören, quod nec occidissent nec sciant qui occidissent. Auch die Gesamtbürgschaft der Gemeinde ist ein in der germanischen Welt, z. B. auch in der angelsächsischen, weitverbreiteter Gedanke. Von Zechbauers Aufstellungen bleibt also nur bestehen, daß die sizilischen Konstitutionen das Verfahren mit der inquisitio in Beziehung zu setzen und es der inquisitio generalis anzupassen streben. Das wird durch das Kanzleispiel o. S. 65 A. 2 deutlich.

kleinen noch im großen. Der entscheidende Orientierungspunkt hierfür wird aber die Einsicht sein müssen, daß das Zentrum des werdenden Kulturlebens der neuen Zeit, die große Stadt, auch die eigentliche, prinzipiell durchgeführte Form der neueren Verbrechensverfolgung geschaffen hat, denen sich die übrigen Rechtsformen nur vorbereitend, unterstützend — zum Teil auch hemmend — unterordnen. Nur der städtische Inquisitionsprozeß erfaßt mit Schärfe jene Konzentration der Beamtenmacht im Strafprozeß, deren Energie allein die mühsame und rücksichtslose Bekämpfung des aufwuchernden Gewerbsverbrechertums verbürgt, deren Radikalismus freilich auch den Anstoß zum späteren Sturz des neuen Systems und zur modernen Strafprozeßreform gegeben hat. Und es ist wie eine Vorahnung des Machtmißbrauchs, daß Kirche wie Königtum nur zaghaft und mit Sträuben sich an der neuen Rechtsbildung beteiligen. In dem Zusammen- und Gegeneinanderwirken von Königsrecht, Kirchenrecht und Stadtrecht klingen schon die Probleme des 18. und 19. Jahrhunderts an.

Anhang I (zu S. 31).
Die Gesetze Kaiser Friedrichs II. über die inquisitio. Qualiter iustitiarii se gerere debeant u provincia sibi decreta (nov. const. I, 52).

Iustitiarii non per calendas, ut assolent hactenus, sed continue curias per se vel per alios iudices suos, quibus nihil aliud quam audientiae quaestionum debebit committi, regere debeant, causas audiant et decidant; civitates et loca suarum iurisdictionum continua discursione perquirant, provincialium dispendicis, ipsos ad remota loca propter iustitiam non vocando, quanto salubriter poterunt, parcituri.

De inquisitionibus faciendis (nov. const. I, 53).

Inquisitiones generales per provincias et partes provinciarum, ubi et quando expedire videtur, iustitiarii facere non omittant de malefactoribus et hominibus malae conversationis et vitae per se ipsos, judices et notarios suos et non per alios simplices, quibus eas hactenus committebant. Comminabuntur autem praedicti iustitiarii et comminationes observent, quod quicumque de his, qui praesentes coram eis fuerint vel ad quorum notitiam edictum de inquisitione generaliter facienda pervenerit, super iniuriis suis querelam aut de mala fama seu conversatione cuiuspiam vel de aliquo crimine vel maleficio in provincia patrato veritatem non deposuerit vel querelam, donec instantia faciendae inquisitionis duraverit, de maleficiis neque ad illum diem in antea perpetratis et iniuriis sibi illatis, ut accusator, delator aut testis nullatenus exaudiatur, nisi iustam et probabilem timoris vel ignorantiae causam ostenderit repellendus, propter quam edicti tempore conqueri vel inquisitionem deponere minime potuisset.

Hi qui per inquisitionis huiusmodi generales inventi fuerint notabiles, si tale quid contra eos probatum appareat per quod mori non debeant nec membro aliquo mutilari et per decem aut plures quod iusticiarii communi fama bone opinionis invererint convicti fuerint, utpote quod rixatores et frequentes delatores armorum contra constitutiones nostras, quod lusores publici taxillorum aut tabernarum frequentatores, quod ultra facultatem suorum proventuum non ex mercationibus aut artificiis largiorem quam debeant vitam ducunt; ad publicum opus deputentur ad tempus per litteras iustitiarii magistro operum designandum et eiusdem iustitiarii arbitrio iuxta probationem et persone qualitatem provide deliberatione taxandum. Quo transacto cum litteris suis magistri operis teneantur dare gratis licentiam condemnatis ad propria revertendi: quod generaliter servandum censemus in omnibus qui ad opera publica deputantur, ut designetur eis condemnationis tempus et causa vel si qualitas delicti poposcerit quod in perpetuum condemnati publicis operibus deputentur, hoc ipsum et sententia presidis manifesta contineat et litere super hoc misse manifeste declarent. Ceterum si tale quid contra eos probatum existerit ex quo personam amittere debeant vel membrorum mutilationem incurrere aut perpetuo carceri mancipari, tunc si quidem is contra quem inquisitio facta fuerit, levis vite et male conversationis fuisse non probabitur vel per quoscunque maleficus non probetur inquisitionis ei copia tribuatur. Porro si per ipsam inquisitionem aut alias contra eum factas levis conversationis et vite probetur aut quod propter manifestam fugam ex maleficio fuerit forbannitus et per decem bone opinionis viros non inimicos delati probatum fuerit contra eum, facta sibi copia nominum tantum omnium testium, non dictorum nec eorum specialiter qui contra ipsum inquisitionem deponunt, ad condemnationem ipsius iuxta qualitatem probati criminis procedatur. De specialibus autem causis et ad singularium delationes contra singulares personas factas, ad inquisitionem in criminibus faciendam minime procedatur, preterquam in crimine lese maiestatis contra personam nostram vel nostrorum collateralium perpetrato vel nisi speciale conscientie nostre mandatum super inquisitione facienda procedat.

Anhang II (zu S. 53.)

Mailänder Münzstatut vom 13. Januar 1204.

(Herausgg. nach Codex Berol Ms. lat. fol. 462 von Hugo Sachse.)
(Festgabe der Rostocker Juristenfakultät für Jhering S. 68 ff. Stuttgart 1892.)

Statuunt potestates Mediolani habito consilio consulum justitie et comuni consilio hujus civitatis, ut nullus dehinceps faciat vel fieri faciat monetam Mediolanensem falsam vel tonset vel tonsari faciat; et si quis inventus fuerit contra fecisse, manum dexteram amittat, si habitus fuerit et bona sua mobilia publicentur et in comuni Mediolani deveniant et domus et alia immobilia devastentur et devastata teneantur.

Et si quis accusaverit aliquem contra predicta fecisse, ita quod per ejus inditium in virtute comunis Mediolani fuerit, habeat de bonis comunis Mediolani libras C.

(S. 69.) Si vero si virtute potestatio non pervenerit

banno ponatur de quo non exeat perpetuo et insuper bona ejus mobilia publicentur et in comuni Mediolani deveniant et domus et mobilia devastentur et devastata remaneant.

(S. 69.) Item statuunt, at si qua persona suspiciosa inventa fuerit de aliquo predictorum et alia inditia apparuerint, que moveant judicantem, cogatur prestare comuni Mediolani libras L aut ponatur in carcere comunis, de quo non exeat nisi libris L solutis, si in virtute comunis M. pervenerit; et si haberi non potest, in banno ponatur de quo non exeat nisi libris L solutis, et insuper ejus bona devastentur.

Et qui ipsum primo accusaverit, habeat de comuni libras XXV., si pro ejus accusatione in virtute comunis M. pervenerit vel ut supra bannitus fuerit et pena ista habita.

Et rectores comunis Mediolani qui pro tempore fuerint, teneantur bona fide et sine fraude dare operam ad predictos falsarios capiendos et ad **inquirendas predictas falsitates per totam virtutem Mediolani, ex quo sibi delata fuerit.**

(Im folgenden erscheinen Geldstrafen für trabucare (Gewichtsverringerung der Münzen]). Die Geldwechsler müssen einen Eid de sequela potestatis leisten. (S. 72): daß sie gefälschte Münzen nicht annehmen wollen, oder von gefälschten, die sie sehen, Anzeige erstatten und diejenigen denunzieren wollen, die heimlich falsche Münzen annehmen. Verpflichtung zur Anzeige von Fälschern usw. Für Bruch dieses Eides wird Geldbuße (10 librae) verhängt.

Printed by Libri Plureos GmbH
in Hamburg, Germany